Winnie und Lilly
Zwei Weihnachtsmuffel
feiern Weihnachten

AF284130

2.   Auflage, 2020

Idee und Text:
© Daniela Landsberg, 2020

Herausgeber:
Daniela Landsberg
c/o Familie Moltrecht
Zum Thelenkreuz 22
53859 Niederkassel-Mondorf
E-Mail: daniela.landsberg@mail.de

Titel, Bilder und Umschlaggestaltung:
Dr. med. Rolf Peter Hampel-Landsberg
Daniela Landsberg
Herstellung und Verlag: BoD - Books on Demand,
Norderstedt
ISBN: 978-3-7526-8559-6

Bibliografische Information der Deutschen
Nationalbibliothek:
Die Deutsche Nationalbibliothek verzeichnet diese
Publikation in der Deutschen Nationalbibliografie;
detaillierte bibliografische Daten sind im Internet über
http://dnb.d-nb.de abrufbar.

Liebe Leserinnen und Leser,

zunächst meinen herzlichen Dank dafür, dass Sie mein Buch erworben haben. Ich hoffe Ihnen und Ihrer Familie mit dieser Weihnachtsgeschichte eine kleine Freude zu bereiten und Sie in weihnachtliche Stimmung versetzen zu können.

Meine Geschichten beinhalten absichtlich Themen, die nicht immer fröhlich, aber dennoch Realität sind. Auf diesem Wege möchte ich zum Nachdenken anregen und eine Gesprächsgrundlage, angemessen an das Alter des Kindes, bieten. Wichtig ist mir aber auch, dass trotz der ernsten Themen, der Humor nicht zu kurz kommt. Ebenso möchte ich erreichen, dass die Kinder durch die Geschichten etwas lernen und vielleicht auch etwas Positives daraus ziehen.

Weiterhin ist mir wichtig, mich in den Geschichten weitestgehend neutral zum christlichen Glauben zu verhalten, weil ich finde, dass es jedem Elternteil selbst überlassen sein sollte, wie es sein Kind erzieht bzw. erziehen möchte. Soll heißen, dass ich zwar über die Kirchen als Gebäude oder von Nonnen schreibe, dieses aber nicht weiter thematisiere.

Ich wünsche Ihnen und Ihrer Familie nun viel Spaß beim Lesen, eine schöne Vorweihnachtszeit und besinnliche Festtage!

Daniela Landsberg

„Schon wieder diese kotzknödeligen Weihnachten!" Wütend tritt Lilly gegen den Basteltisch. „Lilly, jetzt reiß dich mal zusammen!", ermahnt sie Schwester Maria. „Zusammenreißen? Sehe ich aus wie ein Blatt Papier, oder was?", erwidert Lilly frech. „Lilly, das war es, geh auf dein Zimmer und zwar sofort!" Schwester Maria deutet mit ihrem Zeigefinger Richtung Tür. „Oh, wie schade, ich hätte zu gerne weiter diese Nerokränze gebastelt", antwortet Lilly mit gespielt empörter Stimme. „Das sind Adventskränze, Lilly, Adventskränze. Und du bastelst jetzt keine mehr, sondern gehst auf dein Zimmer und denkst über dein Fehlverhalten nach", erwidert Schwester Maria wütend. Lilly legt ihre rechte Hand auf die Tannenzweige: „Tut mir leid, Nero, aber du musst jetzt ohne deine

Kränze auskommen." Mit einem Ruck schiebt Lilly die Tannenzweige über den Tischrand. Diese fallen zu Boden. „Lilly!", schreit Schwester Maria. „Bleib entspannt, Pingu, ich gehe jetzt zu meinem Fehlverhalten und denke über mein Zimmer nach." Mit herausgestreckter Zunge verlässt Lilly den Kunstraum. „Dieses Kind treibt mich noch in den Wahnsinn." Erschöpft schaut Schwester Maria zu den Tannenzweigen am Boden.

„Bovine spongiforme Enzephalopathie kommt von Rindern", klärt Lilly Schwester Maria besserwisserisch auf, die noch einmal ihren Kopf zur Tür hereingesteckt hat. „Lilly!", schreit Schwester Maria erneut. „Ruhig, Pingu, ruhig. Ich bin schon weg." Mit diesen Worten dreht sich Lilly um und trottet langsam in ihr Zimmer.

Zur gleichen Zeit…

„321, 322, 323, 324, 325, 326, 327, 328, dreihundertneun…" Der Weihnachtsmann stockt. Er schaut Weihnachtself 327 und 329 abwechselnd an. „Sepp, Hugo, wo ist Winnie?", fragt er die beiden Weihnachtselfen. „Also, also der Winnie… ja…", Sepp zögert. „Der wollte nicht mithelfen", fällt ihm Hugo ins Wort. „Wie? Nicht mithelfen???", fragt der Weihnachtsmann empört. Schulterzuckend hebt Hugo seine Arme:

„Wir haben ihn versucht zu überreden, aber er wollte einfach nicht."

„Er wollte einfach nicht... das gibt es beim Weihnachtsmann nicht!" Wütend stapft der Weihnachtsmann davon, um nach Winnie zu suchen.

„Im Frühtau zu Berge wir zieh'n, fallera, es grünen alle Wälder, alle Höh'n, fallera. Wir wandern ohne Sorgen singend in den Morgen, noch ehe im Tale die..."

„Winnie!!! Was tust du da???", ruft der Weihnachtsmann mit lauter Stimme.

„Aaahhhhh!", Winnie erschrickt. Im hohen Bogen fliegen massenweise rosa und hellblaue Konfettiblumen durch die Gegend, die Winnie gerade noch im Beutel in seinen Händen hielt.

Unschuldig schaut Winnie auf den Konfettihaufen, der vor den Füßen vom Weihnachtsmann gelandet ist. „Na toll, danke Weihnachtsmann, jetzt muss ich wieder neu anfangen", stellt Winnie empört fest. „Neu anfangen???", der Weihnachtsmann scheint seinen Ohren nicht zu trauen, „Was heißt hier neu anfangen??? Hier wird gar nichts neu angefangen, du erklärst mir mal, was das ganze hier soll!" Winnie schaut sich stolz in seinem Zimmer um: „Das siehst du doch, böser… ähm… lieber Weihnachtsmann… ich dekoriere." Der Weihnachtsmann schnaubt wütend: „Winnie, sieht das so aus, wie ich das haben möchte? Nämlich schön weihnachtlich, wie es sich zu dieser Zeit gehört?" Winnie schnaubt gespielt zurück: „Sieht das so aus, wie dein Zimmer? Oder vielleicht wie das, der anderen 1294 Weihnachtselfen?" Winnie schüttelt den Kopf: „Neeeiiiiin, das sieht aus wie mein Zimmer… und das ist auch mein Zimmer", stellt er energisch fest. Zur Bekräftigung verschränkt er seine Arme vor der Brust. „Winnie… wir haben Weihnachten… du bist ein Weihnachtself", versucht der Weihnachtsmann in ruhigem aber bestimmtem Ton zu erklären, „das bedeutet, dass du bei den Vorbereitungen mithelfen und alles weihnachtlich schmücken musst." Trotzig geht Winnie zu seinem Schrank und zieht einen weiteren Beutel Konfettiblumen hervor. „Ich mag aber keine Weihnachten haben, ich will Frühling haben!" Mit diesen Worten greift er mit seiner rechten Hand in den Beutel und wirft eine Hand voll Konfettiblumen in die Luft.

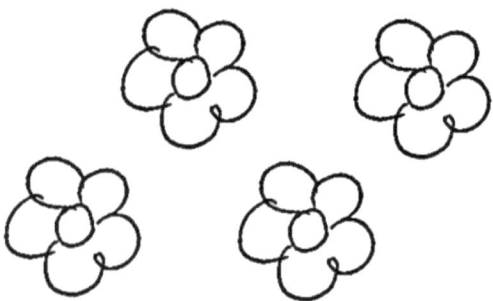

Beim Anblick der Konfettiblumen, die jetzt langsam zu Boden rieseln, ändert sich Winnies Laune wieder schlagartig. „Hui… ist das schön! Guck mal, Weihnachtsmann, wie die fliegen!" Ohne Worte verlässt der Weihnachtsmann Winnies Zimmer
und geht in die große Wohnstube.

Dort setzt er sich in seinen großen roten Sessel, der neben dem Kamin steht. Sofort sind ein Duzend Weihnachtselfen um ihn herum. Darunter auch Sepp und Hugo. Der Weihnachtsmann überlegt minutenlang und krault sich währenddessen seinen Bart. „Das mit Winnie geht nicht mehr so weiter", sagt er schließlich. „Er benimmt sich, als sei er der Frühlingsgott persönlich. Nein, das geht so nicht weiter!"

„Aber was möchtest du dagegen tun, lieber Weihnachtsmann?", fragt Hugo vorsichtig nach. Der Weihnachtsmann knetet seine rote Nasenspitze. „Das ist eine sehr gute Frage, Hugo, eine sehr gute Frage", antwortet er nachdenklich. „Ich denke, ich werde eine Nacht darüber schlafen. Im Morgengrauen fällt mir bestimmt etwas ein", sagt der Weihnachtsmann entschlossen. Der Weihnachtsmann klatscht seine Hände ineinander und reibt sie dann tatkräftig. So, Jungs, was habt ihr zu berichten? Was zeigen die Fernseher aus den Kinderzimmern?", möchte er wissen. Sofort fangen die Elfen an, wild durcheinander zu reden. „Also, da ist ein Mädchen, die hat…"

„Der kleine Junge mit dem Spielzeugauto…"

„Die zwei Geschwister streiten sich den ganzen Tag über…"

„Das Mädchen aus dem Kinderheim…"

„Stop! Stop! Stop! Nicht alle auf einmal", unterbricht der Weihnachtsmann die Elfen. Ich kann mich ja gar nicht konzentrieren.

Er schaut zu Elf 327. „Sepp, fang du an", fordert der Weihnachtsmann ihn auf. Sepp räuspert sich kurz und beginnt dann ganz aufgeregt, zu erzählen. „Also, da ist ein kleines Mädchen im Kinderheim. Sie heißt Lilly. Und Lilly mag überhaupt kein Weihnachten. Sie mag eigentlich gar nichts. Sie ist die ganze Zeit nur frech und hört nicht auf das, was die Erwachsenen ihr sagen." Der Weihnachtsmann und die anderen Elfen hören gespannt zu. Nachdem Sepp fertig ist, schaut der Weihnachtsmann nachdenklich in die Runde. „So, das Mädchen mag also kein Weihnachten", sagt der Weihnachtsmann mehr zu sich selbst. Aber Sepp nickt sofort und bestätigt: „Ja, sie mag kein Weihnachten und einfach gar nichts", wiederholt er. „Das ist interessant, sehr interessant", sagt der Weihnachtsmann immer noch nachdenklich. Die Elfen schauen sich fragend an. „Warum ist das interessant, lieber Weihnachtsmann? Das ist doch schrecklich, wenn jemand kein Weihnachten mag", fragt Jakob verwundert. Der Weihnachtsmann streichelt Elf 318 vorsichtig über den Kopf: „Weißt du, Jakob, vielleicht habe ich da eine Idee. Aber das erzähle ich euch morgen. Ich muss erst noch etwas klären." Die Elfen schauen sich erneut fragend an, aber sie wissen, dass wenn der Weihnachtsmann etwas für sich behalten möchte, er dies ganz gut kann, im Gegensatz zu den kleinen Elfen, die sich vor lauter Aufregung manchmal verplappern. „Nun gut", sagt der Weihnachtsmann, „jetzt die anderen, was könnt ihr mir zu den anderen Kindern erzählen?", fragt er interessiert nach. Sofort beginnen die Elfen zu erzählen. Nachdem alle Elfen dem Weihnachtsmann ihre Geschichten vorgetragen haben, ist es schon weit nach Mitternacht. Die ersten Elfen fangen schon an, zu gähnen. Manche reiben sich die kleinen Äuglein. Der Weihnachtsmann schaut in die Runde. „So, ihr kleinen Elfen, es ist Zeit, ins Bett zu gehen. Schnell ins Bad. Zähne putzen und den Schlafanzug anziehen. Morgen gibt es wieder viel zu tun."

„Och, ich bin aber viel zu müde, um die Zähne zu putzen", lispelt Vincent durch seine Zahnlücke. „Aber wenn man nicht die Zähne putzt, machen die bösen Bakterien Karies in die Zähne", sagt Theodor wissend. „Och, menno", antwortet Vincent trotzig und macht sich auf ins Badezimmer.

Nachdem sich alle Elfen fertig gemacht haben und in ihren Betten liegen, geht der Weihnachtsmann von Zimmer zu Zimmer, um allen eine gute Nacht zu wünschen. Als er an Winnies Zimmer angekommen ist, hört er bereits vor der Türe einen schiefen Gesang.

„Das Wandern ist des Müllers Lust, das Wandern ist des Müllers Lust, das Waan…"

„Winnie, du sollst schlafen", unterbricht der Weihnachtsmann Winnies Gesang. „Aaahhhhh!", Winnie erschrickt erneut. Schon wieder fliegen die Utensilien in hohem Bogen durch den Raum. Dieses Mal sind es eine Handvoll Pinsel und eine große Farbpalette.

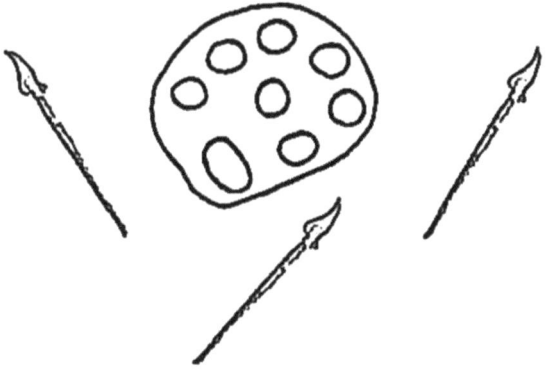

Winnie schaut den Weihnachtsmann empört an. „Danke, Weihnachtsmann! Jetzt kann ich alles wieder neu malen." Winnie reißt das oberste Blatt von seinem Malblock ab, welchen er auf seine große Staffelei gestellt hatte. Mit einem Blick auf das verschmierte Kunstwerk, seufzt er einmal kurz, hebt dann seine Malutensilien wieder auf und beginnt erneut eine Strandlandschaft zu malen. Ohne den Weihnachtsmann weiter zu beachten, fängt Winnie wieder an zu singen. Dieses Mal etwas lauter und schiefer als vorher: „Das Wandern ist des Müllers Lust, das Wandern ist des Müllers Lust, das Waandern." Sprachlos dreht sich der Weihnachtsmann um und setzt seine Runde fort. Nachdem er die letzte Türe des letzten Elfen geschlossen hat, begibt er sich auf sein Zimmer. Er schaut auf die Uhr. „Hm, bereits nach 03:00 Uhr", stellt er fest. „Dann muss ich wohl bis zum Morgen warten", sagt er leise vor sich hin. Nachdem der Weihnachtsmann sich ebenfalls bettfertig gemacht hat, legt er sich hin und schläft sogleich ein. Nun ist es fast ganz still auf dem langen Flur. Lediglich aus einem Zimmer kommen noch ein Rascheln, ein Poltern und ein Klappern. Aber irgendwann ist es auch in diesem Zimmer still und Winnie ist eingeschlafen.

Fünf Stunden später sitzt der Weihnachtsmann an seinem Schreibtisch und wälzt das dicke Telefonbuch, welches vor ihm liegt. „Kinderheim Sankt Katharina. Ja, das ist es", sagt der Weihnachtsmann zu sich selbst. Er nimmt den Telefonhörer ab und beginnt die Ziffern eine nach der anderen auf der großen Wählscheibe zu wählen.

„Kinderheim Sankt Katharina, Schwester Theresa am Apparat", meldet sich die zarte Stimme der

Nonne. „Guten Morgen, Schwester Theresa, hier spricht der Weihnachtsmann. Wären Sie so freundlich, mir Schwester Maria zu geben?", bittet der Weihnachtsmann höflich. „Oh, lieber Weihnachtsmann. Das ist aber eine Überraschung, dass Sie bei uns anrufen. Ich werde Schwester Maria sofort ans Telefon holen. Bitte warten Sie einen kurzen Augenblick." Noch ehe der Weihnachtsmann antworten kann, hat Schwester Theresa den Telefonhörer zur Seite gelegt, um Schwester Maria zu holen. Der Weihnachtsmann lauscht indessen dem Gemurmel der Elfen auf dem Flur. „Guten Morgen, hier spricht Schwester Maria. Weihnachtsmann?", ertönt es aus dem Hörer. „Ähm, ja, guten Morgen, Schwester Maria", der Weihnachtsmann zögert kurz. „Wie kann ich Ihnen helfen?", fragt Schwester Maria. „Geht es um eines der Kinder?" Der Weihnachtsmann nickt. „Ja, genau, um eines der Kinder. Wie ich von den Elfen höre, wohnt ein kleines Mädchen namens Lilly bei Ihnen."

„Oh, Lilly", unterbricht Schwester Maria den Weihnachtsmann. „Was heißt das", möchte der Weihnachtsmann wissen. „Wissen Sie, lieber Weihnachtsmann, Lilly ist ein sehr schwieriges Kind. Sie befolgt keine Regeln und Grenzen, sie interessiert sich für nichts und niemanden und ihr ist alles egal", erklärt Schwester Maria. „So? Und sie mag vermutlich dann auch kein Weihnachten?!", fragt der Weihnachtsmann nach. „Weihnachten? Sie hasst Weihnachten", seufzt Schwester Maria. Der Weihnachtsmann streicht durch seinen langen weißen Bart, dann sagt er: „Ich habe hier auch so ein kleines Kerlchen, Winnie heißt er. Und irgendwie mag er alles andere lieber als Weihnachten." Schwester Maria hört aufmerksam zu. „Ich dachte, wir können die beiden mal zusammenbringen. Vielleicht können sie sich ja gegenseitig Weihnachten näher bringen", schlägt der Weihnachtsmann vor. Schwester Maria denkt einen Augenblick nach, dann fragt sie: „Wie soll das funktionieren?" Der Weihnachtsmann überlegt ebenfalls. „Ehrlich gesagt, habe ich da keine genaue Vorstellung", gibt er zu. „Hm, vielleicht fällt mir da etwas ein", sagt Schwester Maria. Sie erzählt dem Weihnachtsmann kurz von ihrer Idee und gemeinsam beschließen sie, diese in die Tat umzusetzen. Am Ende des Gespräches verabschieden sich beide voneinander und vereinbaren, in Kontakt zu bleiben.

Nachdem der Weihnachtsmann den Telefonhörer aufgelegt hat, geht er auf den Flur, um Winnie in seinem Zimmer aufzusuchen. Von weitem hört er schon einen erneuten Gesang.

„Der Winnie, der mag's bunt, der Winnie der mag's bunt, der Wieienie, der Wieienie, der Winnie der mag's bunt. Der Winnie…"

„Winnie!!!", unterbricht der Weihnachtsmann ihn laut. „Aaahhhh!", Winnie erschrickt erneut. Dieses Mal fliegen eine ganze Hand voll Hawaii Blumen Ketten durch den Raum. Eine von ihnen landet direkt auf dem Kopf vom Weihnachtsmann. Als Winnie dies sieht, fängt er laut an zu lachen. „Du siehst ja lustig aus, bunter Weihnachtsmann", sagt Winnie fröhlich. „Winnie, das geht so nicht mehr weiter. Ich muss mit dir reden. Komm mit in den Besprechungsraum!", fordert der Weihnachtsmann Winnie auf. „Worum geht es denn?", fragt Winnie, während er die Hawaii Blumen Ketten vom Boden aufhebt. „Das erkläre ich dir dort", antwortet der

Weihnachtsmann. Als Winnie sieht, dass der Weihnachtsmann bereits auf dem Flur ist, läuft er ihm nach.

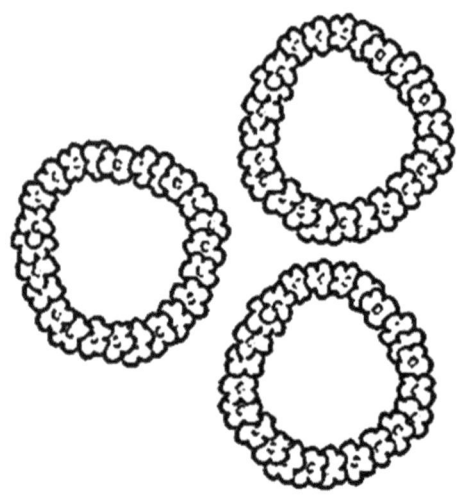

Im Besprechungsraum angekommen, setzt sich der Weihnachtsmann in seinen großen Sessel hinter seinen Schreibtisch. Winnie nimmt auf einem Stuhl davor Platz. „Nun, Winnie", beginnt der Weihnachtsmann direkt das Gespräch, „ich habe den Eindruck, dass dir Weihnachten so gar nicht gefällt…"

„Nein, das kann man so nicht sagen. Ich mag halt nur den Frühling viel lieber und die Sonne und die Berge und das Meer", unterbricht Winnie den Weihnachtsmann. „Winnie, du bist ein Elf, ein Weihnachtself. Deine Aufgabe ist es, Weihnachten mitzugestalten." Winnie schüttelt den Kopf: „Das mag ich aber gar nicht. Ich möchte viel lieber den Frühling und den Sommer gestalten." Er überlegt kurz. „Die Osterhasen dürfen doch auch etwas im Frühling machen. Wieso ich nicht?", fragt er trotzig. „Weil du kein Osterhase bist", versucht der Weihnachtsmann eindringlich zu erklären. „Das finde ich blöd", antwortet Winnie immer noch trotzig und verschränkt dabei die Arme. „Wieso kann ich kein Osterhase sein?", möchte er wissen. Der Weihnachtsmann guckt ihn ungläubig an: „Weil du ein Elf und kein Hase bist", sagt er dann. Winnie guckt schmollend zur Seite. „Pass auf, Winnie, ich habe eine Aufgabe für dich", sagt der

Weihnachtsmann entschlossen. „So? Was soll das für eine Aufgabe sein?", möchte Winnie wissen.

„Also, es gibt da ein Kind aus dem Kinderheim…"

„Ein Kind?" unterbricht Winnie den Weihnachtsmann erneut. „Ja, ok, ein Mädchen."

„Ein Mädchen?! Was habe ich bitte mit einem Mädchen zu tun?", fragt Winnie empört. „Das Mädchen mag Weihnachten genauso wenig wie du."

„Braves Kind."

„Ich möchte Winnie, dass du zu dem Mädchen gehst und es auf den rechten Weg bringst." Winnie schaut den Weihnachtsmann mit großen Augen an: „Ich soll Babysitter für ein Mädchen spielen???", fragt er überrascht und empört zugleich. „Ja. Ich meine, du bist perfekt geeignet dafür. Du magst doch auch kein Weihnachten…"

„Und keine Mädchen", unterbricht ihn Winnie.

„Außerdem, was soll das werden? Das Mädchen

mag kein Weihnachten, ich mag so kein Weihnachten. Sollen wir etwa nachher zusammen um den Weihnachtsbaum stehen, ihn schmücken und Weihnachtslieder singen?", fragt Winnie ironisch. Der Weihnachtsmann nickt. „Ja, so in etwa stellen wir uns das vor."

„Uns?"

„Schwester Maria und ich", antwortet der Weihnachtsmann. Winnie überlegt kurz. „Wer ist Schwester Maria?", fragt er dann. „Schwester Maria ist eine Nonne aus dem Kinderheim."

„Ein Pinguin?! Ernsthaft jetzt? Ich soll zu einem Pinguin gehen, der nicht im Griff hat, ein Mädchen zum Weihnachtsbaum schmücken zu bekommen???" Winnie kann kaum glauben, was er da hört. „So ist der Plan", bestätigt der Weihnachtsmann. „Du willst mich auf den Arm nehmen, oder?!" Der Weihnachtsmann schüttelt den Kopf: „Nein, Winnie, das ist wirklich der Plan." Winnie schaut den Weihnachtsmann lange an, dann fragt er: „Erstens, warum soll ich das machen? Zweitens, was habe ich davon? Und drittens, warum soll das Mädchen Weihnachten mögen?" Der Weihnachtsmann überlegt kurz. „Zu erstens, jeder von uns hat eine Aufgabe. Du kannst hier mit uns Weihnachten vorbereiten oder du kümmerst dich um das Mädchen. Zu zweitens, vielleicht magst du Weihnachten danach auch und zu drittens, jeder mag Weihnachten… eigentlich… es ist das Fest der Liebe. Weißt du, das Mädchen hat es sehr schwer, vielleicht schaffst du es, dass sie anfängt, Dinge zu mögen. Und welche Zeit ist besser dafür geeignet, als Weihnachten?", erklärt der Weihnachtsmann. Winnie verschränkt erneut die Arme und schaut sich im Zimmer um. Dann schaut er dem Weihnachtsmann direkt in die Augen: „Du schickst mich also weg, weil ich anders bin, als alle anderen hier?!", möchte er wissen. Der Weihnachtsmann schüttelt den Kopf: „Nein,

Winnie, so ist es nicht. Es ist vielmehr eine große Aufgabe, die ich dir da geben möchte. Weißt du, vielleicht sind die ganzen Weihnachtsvorbereitungen wirklich nichts für dich. Vielleicht bist du ja zu etwas ganz anderem bestimmt..."

„Klar, Babysitter für kleine Mädchen spielen", sagt Winnie trotzig.

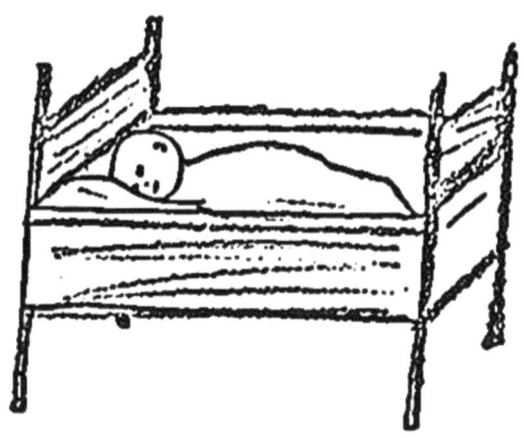

Er zögert einen Moment, dann steht er auf. „Gut, dann gehe ich zu dem Mädchen. Aber ich werde ihr nicht einreden, dass sie Weihnachten mögen soll. Und ich werde auch ganz bestimmt keinen Weihnachtsbaum schmücken, keine Weihnachtslieder singen und auch keine Kekse backen. Das ist nämlich Mädchenkram." Mit diesen Worten verlässt Winnie den Besprechungsraum und stampft wütend in sein Zimmer.

Dort holt er seinen kleinen Koffer aus dem Schrank und beginnt, seine Kleidung einzupacken. „Einfach den kleinen Winnie wegzuschicken… nur weil er anders ist, als die anderen. Das ist so gemein und unfair!!!", sagt Winnie wütend vor sich hin. Sein Blick fällt auf das Bild, welches er in der Nacht gemalt hat. Er schaut zu den vielen bunten Konfettiblumen, womit er sein Zimmer geschmückt hat. Er streicht über die Hawaii Blumen Kette, die er vorhin so liebevoll über seinen selbst gebastelten Sonnenstuhl gehängt hat. *„Vielleicht ist es gar nicht so schlecht, zu dem Mädchen zu gehen“*, denkt er. *„Wenn sie kein Weihnachten mag und ich kein Weihnachten mag, dann kann es vielleicht sogar richtig lustig werden“*, überlegt er sich. Mit einem Mal beginnt Winnie zu lächeln: „Oh, und das Beste, ich muss keine Weihnachtsvorbereitungen machen. Das wird toll!“, freut sich Winnie. Schon ist seine schlechte Laune von gerade eben verschwunden. Gut gelaunt und in Windeseile packt er all seine Sachen in den Koffer, die er mitnehmen möchte.

„Und du kommst auch mit", sagt er und schnappt sich seine kleine grüne Badehose. *„Vielleicht wohnt das Mädchen ja am Meer oder anderswo, wo Wasser ist"*, denkt er. Winnie ist so aufgeregt, dass er ganz vergisst, dass bei dem Mädchen auch gerade Winter ist. Als er alles fertig gepackt hat, zieht er seinen kleinen Koffer vor die Tür. Sofort versammeln sich alle Elfen um Winnie.

„Wo gehst du denn hin?", fragt ihn Sepp. „Ich mache Urlaub, während ihr alle für Weihnachten arbeiten dürft", freut sich Winnie. Noch bevor die anderen etwas darauf sagen können, erscheint der Weihnachtsmann im Flur. „Ich habe alles eingepackt, Weihnachtsmann, es kann losgehen", ruft Winnie ihm entgegen. „Na das ging aber schnell", erwidert der Weihnachtsmann überrascht. „Ja, ja, keine Zeit verschwenden, heißt es doch so schön." Der Weihnachtsmann nickt. „Das ist richtig." Er zögert: „Hast du dir das auch gut überlegt?", fragt er vorsichtig nach. „Und wie ich mir das gut überlegt habe. Ich freue mich sogar darauf." Sepp fängt an zu weinen: „Aber… aber… wann kommst du denn wieder, Winnie?", möchte er wissen. „Ja, genau, wann kommst du wieder?", lispelt Vincent. Winnie zuckt mit den Schultern. „Das weiß ich gar nicht", sagt er dann. Alle Elfen schauen den Weihnachtsmann fragend an. „Wisst ihr, ihr lieben Elfen, Winnie kommt wieder, wenn er seine große Aufgabe, die vor ihm liegt, gemeistert hat." Die Weihnachtselfen bekommen große Augen. „Welche Aufgabe denn?", möchte Sepp wissen. „Winnie wird zu dem Mädchen aus dem Kinderheim gehen und ihr Weihnachten näher bringen", antwortet der Weihnachtsann. „Winnie? Unser Winnie soll das machen?", fragt Jakob nach. „Ja, genau, Winnie wird diese große Aufgabe übernehmen." Sofort fangen alle Elfen an zu lachen. „Wieso lacht ihr so?", fragt Winnie. „Das ist nicht komisch", ergänzt er. „Elfen! Niemand lacht über einen anderen! Ist das klar?!", ermahnt der Weihnachtsmann. Sofort sind alle Elfen wieder still. Vincent meldet sich. „Darf ich etwas fragen?", möchte er wissen. Der Weihnachtsmann nickt. „Wie soll Winnie das denn machen, wenn er selbst kein Weihnachten mag?", möchte er wissen. „Genau darum geht es ja, Vincent, das ist Winnies große Aufgabe." Die Elfen schauen sich fragend an. „Die Schwierigkeit besteht also darin, dass Winnie, obwohl er selbst kein Weihnachten mag, dem Mädchen, welches ebenfalls kein Weihnachten mag, Weihnachten näher bringen soll?", versucht Theodor zusammen zu fassen. „Richtig, Theodor, so ist es", bestätigt der Weihnachtsmann. Die Elfen fangen an zu tuscheln. „Hier wird nicht geflüstert", ermahnt der Weihnachtsmann die Elfen erneut. „Wir haben aber Angst, dass Winnie das nicht schafft", sagt Sepp und fängt wieder an zu weinen. Theodor streichelt ihm über den Kopf. „Nicht weinen, Sepp, sonst muss ich auch noch anfangen", versucht Theodor Sepp zu trösten.

Der Weihnachtsmann räuspert sich, dann geht er auf Winnie zu und legt ihm seine rechte Hand auf seine linke Schulter. Er schaut die

Weihnachtselfen an, dann schaut er zu Winnie. „Unser Winnie wird es schaffen, davon bin ich überzeugt", sagt er mit einem ruhigen und sicheren Ton. Nach einem kurzen Moment läuft Sepp zu Winnie und nimmt ihn in den Arm. „Mach es gut, Winnie, ich glaube ganz fest an dich! Du wirst das schaffen!", sagt er und wischt sich die kleinen Tränen vom Gesicht. Sofort kommen alle anderen 1293 Weihnachtselfen an und nehmen Winnie in den Arm. Nachdem sich alle von Winnie verabschiedet haben, legt der Weihnachtsmann seine rechte Hand auf Winnies Schulter und schaut ihn fürsorglich an. „Bist du bereit für deine große Aufgabe, Winnie?", möchte er wissen. Winnie nickt. „Ja, ich bin bereit", antwortet er selbstbewusst. „Na dann mal los, mein kleiner Elf", sagt der Weihnachtsmann und klatscht zweimal in die Hände. Und noch ehe sich Winnie versieht, ist er auch schon auf dem Weg ins Waisenhaus, um einem kleinen Mädchen Weihnachten näher zu bringen.

Als Winnie am Waisenhaus ankommt, schaut er sich erst einmal um. Vor ihm steht ein riesiges Backsteingebäude mit vielen buntgeschmückten Fenstern. Aufgeregt schaut er nach rechts und dann nach links. Er dreht den Kopf so weit, dass er schon fast hinter sich schauen kann. „Hier ist ja weit und breit kein Meer", stellt Winnie enttäuscht fest. In diesem Moment öffnet sich vor ihm die Tür. „Guten Tag, kann ich dir helfen?", fragt die Nonne freundlich. „Ja, ich bin Winnie und ich soll hier hin, weil das Mädchen kein Weihnachten mag", antwortet Winnie. „Ach so, ich wünsche auch einen guten Tag", fügt er schnell hinzu. „So, du bist also Winnie, na dann komm mal herein. Der Weihnachtsmann hat mir ja schon einiges vor dir erzählt. Ich bin übrigens Schwester Maria", antwortet die Nonne freundlich.

Während Winnie neben Schwester Maria her läuft, schaut er immer wieder nach rechts und links in die vielen Zimmer. „Das ist ja wie bei uns", merkt er an. „Wir haben auch so viele Zimmer."

„Ihr seid sicher sehr viele Elfen?!", fragt Schwester Maria interessiert nach. „Ja, wir sind 1295 Elfen", antwortet Winnie fröhlich. „Da seid

34

ihr aber wirklich ganz schön viele", lächelt Schwester Maria. „Da wird euch doch bestimmt nicht langweilig, oder?!" Winnie nickt. „Uns ist nie langweilig", stimmt er zu. „Wir haben immer etwas zu tun. Besonders in der Weihnachtszeit", erzählt Winnie. „Und du hast auch viel zu tun?", möchte Schwester Maria wissen. „Ja", antwortet Winnie, „ich bin auch immer sehr beschäftigt. Ich male bunte Bilder, dekoriere mein Zimmer, singe viel und mache noch ganz viele andere tolle Sachen, die man in der schönsten Jahreszeit so macht."

„Du meinst sicher die Weihnachtszeit?!", fragt Schwester Maria nach. Winnie schaut sie überrascht an. „Aber die Weihnachtszeit ist doch keine Jahreszeit", sagt er bestimmt. „Die Jahreszeiten sind: Frühling, Sommer, Herbst und Winter. Und meine allerliebste Jahreszeit ist der Frühling." Winnie ist so vergnügt, bei dem Gedanken an den Frühling, dass seine Augen anfangen zu strahlen. „Aber du bist doch ein Weihnachtself", merkt Schwester Maria an. „Ja, das stimmt, aber ich wäre lieber ein Osterelf", antwortet Winnie wehmütig. „*Oh je, ob das etwas wird, mit Winnie und Lilly?*", denkt Schwester Maria. „Ich zeige dir nun zuerst dein Zimmer. Dort kannst du dich schon einmal einrichten. In zehn Minuten hole ich dich ab und bringe dich zu Lilly. In Ordnung?!"

„Lilly. Ja ist gut", antwortet Winnie.

In seinem Zimmer angekommen, legt Winnie seinen kleinen Koffer auf das Bett und schaut sich erst einmal um. „*Ein bisschen trostlos*", denkt er sich, „*kein Wunder, dass hier keine Weihnachtsstimmung aufkommt.*"

„Das haben wir gleich", sagt Winnie laut zu sich selbst und holt ein paar selbstgemalte Strandbilder und einen Beutel mit bunten Blumen aus seinem Koffer.

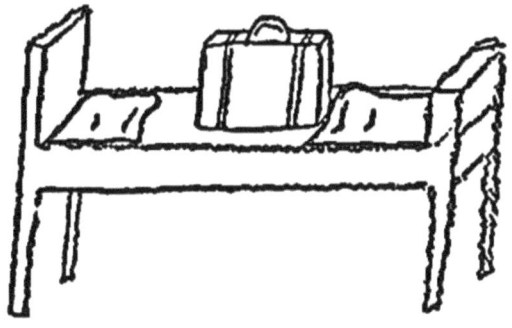

Sofort beginnt er wieder zu singen: „Alle Vögel sind schon da, alle Vögel, alle! Welch ein Singen, Musiziern, Pfeifen, Zwitschern, Tiriliern! Frühling will nun einmarschiern, kommt mit Sang und Schalle." Winnie ist so eifrig und vergnügt, dass er das Klopfen an der Türe gar nicht hört. Auch das zweite Klopfen bekommt er nicht mit. Vorsichtig öffnet sich die Türe. „Wie sie alle lustig sind, flink und froh sich regen! Amsel, Drossel, Fink und Star und die ganze Vogelschar…" In diesem Moment fällt Winnies Blick auf Schwester Maria, die mit offenem Mund im Zimmer steht. Vorsichtig klebt Winnie eine weitere Blume an das Fenster, ohne Schwester Maria dabei aus den Augen zu lassen. „Winnie, was machst du da?", möchte Schwester Maria wissen. „Ich dekoriere", antwortet Winnie mit einem fröhlichen Lächeln. Schwester Maria schaut sich im Zimmer um. „Das sehe ich", sagt sie dann, „du weißt aber schon, dass wir Weihnachten haben?", fragt sie irritiert nach. Winnie nickt. „Ja, aber natürlich weiß ich das."

„Und warum sieht es dann bei dir wie im Urlaubsparadies aus?", möchte Schwester Maria Wissen. „Na, weil ich das Meer und die Blumen liebe", antwortet Winnie. Schwester Maria verzieht das Gesicht: „Ja, das mag ja schon sein, dass das so ist, aber wir haben Weihnachten."

„Und was soll das heißen?", fragt Winnie trotzig.

„Na, da kannst du doch nicht alles wie im Urlaubsparadies schmücken. Es muss doch alles weihnachtlich aussehen." Schwester Maria schaut sich erneut um. „Und das hier sieht ehrlich gesagt gar nicht weihnachtlich aus", stellst sie fest.

„Gut", sagt Winnie und klebt eine weitere Blume an das Fenster. „Winnie, hör mal, wie willst du Lilly denn Weihnachten näher bringen, wenn du selber Weihnachten nicht magst?" Winnie schaut erstaunt. „Wieso sagt jeder, dass ich Weihnachten nicht mag? Ich mag Weihnachten doch", sagt er. „Hier ist aber nichts weihnachtlich. Du musst es weihnachtlich schmücken", versucht Schwester Maria Winnie zu überzeugen. „Wer sagt das?", fragt Winnie. „Na ja, das gehört halt einfach dazu. Weihnachten wird alles weihnachtlich geschmückt und im Frühling und Sommer kann man ja eine Blumendekoration machen." Winnie schüttelt den Kopf: „Nein, nein, das kann man auch jetzt machen", widerspricht er und klebt eine weitere Blume ans Fenster. „Ich gebe es auf", seufzt Schwester Maria. „Kommst du jetzt bitte mit zu Lilly?!", fordert sie Winnie auf. „Lilly, ja, natürlich", antwortet Winnie vergnügt und will schon zu Tür heraus. „Leg bitte die Blumen weg, Winnie", ermahnt Schwester Maria ihn. „Aber Mädchen mögen doch Blumen?!", fragt Winnie irritiert nach. „Aber doch nicht zu Weihnachten", antwortet Schwester Maria ungeduldig. „Mädchen mögen also keine Blumen zu Weihnachten", wiederholt Winnie ungläubig. „Doch mögen sie schon. Aber jetzt gerade nicht!", antwortet Schwester Maria nun etwas gereizter. „Gut, dann jetzt eben nicht", schmollt Winnie. Behutsam legt er die Blumen zurück in den Beutel. Als er fertig ist, schaut er Schwester Maria an und sagt: „Jetzt können wir gehen." Schwester Maria seufzt erneut und zusammen mit Winnie macht sie sich auf den Weg zu Lilly.

Vor Lillys Zimmer angekommen, klopft Schwester Maria an die Türe. Als niemand antwortet, klopft sie erneut. Aber auch beim zweiten Mal antwortet niemand. „Vielleicht dekoriert sie ihr Zimmer?!", fragt Winnie erfreut. „Lilly und dekorieren? Eher bin ich der Weihnachtsmann persönlich", antwortet Schwester Maria und öffnet die Türe. „Aber es gibt doch schon einen Weihnachtsmann", stellt Winnie verwundert fest. „Lilly! Was machst du da?", fragt Schwester Maria wütend. Aber Lilly reagiert nicht. Winnie schaut an Schwester Maria vorbei und sieht ein kleines Mädchen mit Kopfhörern in den Ohren, singend, auf dem Bett liegen. „Sie singt auch. Das ist schön!" Winnie klatscht vor Freude in die Hände. Schwester Maria schaut ihn jedoch nur ermahnend an und geht lautstark an Lillys Bett. „Lilly! Mach sofort die Musik aus!", schimpft Schwester Maria nun lauter. Unbeeindruckt nimmt Lilly die Kopfhörer aus den Ohren. „Was ist denn nun schon wieder los, Pingu?", fragt Lilly genervt. „Was los ist? Du liegst mit Schuhen im Bett und hörst Musik. Das ist los!" Schwester Maria ist außer sich vor Wut. „Meine Schuhe, mein Bett! Klaro?!", antwortet Lilly gleichgültig. Erst jetzt bemerkt sie, dass Schwester Maria nicht alleine ins Zimmer gekommen ist. Mit einem Satz springt sie auf. „Wer ist das und was macht es in meinem Zimmer???", ruft Lilly laut. „Lilly, das ist Winnie. Winnie kommt direkt vom Weihnachtsmann, extra zu dir", antwortet Schwester Maria mit einem Lächeln auf den Lippen und schaut Winnie an. Winnie sieht, wie sich Lillys Wangen röten. „Was soll er hier und warum zum Teu… warum sieht er so aus?", will Lilly wissen. „Weißt du, Lilly, Winnie ist ein Weihnachtself und er soll dir

Weihnachten näher bringen", antwortet Schwester Maria immer noch mit einem Lächeln auf den Lippen. „Weihnachtsmann, Weihnachtself und Weihnachten. Ein hoch auf die drei W's", sagt Lilly sarkastisch. „Ich sehe schon, du bist sehr erfreut. Nun denn, dann lasse ich euch jetzt mal alleine, damit ihr euch kennenlernen könnt", sagt Schwester Maria vergnügt. „Sie tut nur so, als sei sie böse", versucht Schwester Maria Winnie zu erklären. „Also, dann bis nachher!", sagt sie und verlässt das Zimmer.

Winnie und Lilly bleiben alleine zurück und starren sich an. „Hör zu, Kobold, ich…"

„Ich bin kein Kobold. Ich bin ein Weihnachtself", unterbricht Winnie Lilly. „Wenn ich sage, dass du ein Kobold bist, dann bist du ein Kobold", sagt Lilly bestimmt und starrt Winnie dabei tief in die Augen. Winnie überlegt kurz und antwortet: „Schon gut, Lilly FEE." Dabei muss er lachen.

Lilly schnaubt vor Wut: „Nenn mich nicht Lilly Fee!"

„Wenn ich sage, du bist Lilly Fee, dann bist du Lilly Fee", sagt Winnie nun belustigt. Lilly ringt um Fassung. „Du bist böse und gemein", sagt sie und schmeißt sich wütend auf ihr Bett. Um Winnie nicht zu hören, steckt sie sich wieder die Kopfhörer in die Ohren und beginnt laut zu singen. Winnie schaut sich in Lillys Zimmer um. „Genauso trostlos wie mein Zimmer. Kein Wunder, dass man hier so fies wird", sagt er zu sich selbst. Winnies Blick fällt auf ein Fußballbuch, welches auf dem Tisch neben dem Fenster liegt.

Zielstrebig geht er hin und nimmt es in die Hand. Lilly, die Winnie die ganze Zeit beobachtet hat, springt sofort auf und reißt ihm das Buch aus der Hand. „Das ist mein Buch, fass das nicht an!", schimpft sie. Winnie schaut sie ungläubig an. „Schon klar, Lilly Fee. Du weißt schon, dass das ein Fußballbuch ist?", möchte er wissen. „Ich weiß, dass das ein Fußballbuch ist. Warum fragst du so doof?", fragt Lilly wütend. „Und hör auf Lilly Fee zu mir zu sagen", ermahnt sie Winnie. „Erstens ist Fußball etwas für Jungs und du bist ein Mädchen und zweitens, alle Mädchen mögen Lilly Fee", antwortet Winnie fröhlich. „Ich bin aber kein Mädchen, ich kann Lilly Fee nicht ausstehen und ich liebe Fußball. Klar?!" Winnie schaut Lilly ungläubig an. „Du bist wohl ein Mädchen oder willst du sagen, dass du ein Junge mit langen Haaren bist, der Lilly heißt? Lilly… Fee." Lilly knallt wütend ihr Buch auf den Tisch. „Auch Mädchen können Fußball mögen", sagt sie trotzig. „Du hast dich übrigens noch nicht dafür entschuldigt, dass du mich immer Lilly Fee nennst", sagt sie, ohne Winnie dabei anzusehen. „Du hast dich noch nicht dafür entschuldigt, dass du mich Kobold genannt hast", antwortet Winnie ebenfalls trotzig. „Das kannst du auch vergessen. Ich entschuldige mich niemals bei jemandem!", sagt Lilly entschlossen. Damit geht sie zurück zu ihrem Bett und legt sich darauf. Erneut steckt sie sich ihre Kopfhörer in die Ohren. Dieses Mal singt sie jedoch nicht mit. Winnie setzt sich in den Sessel und schaut aus dem Fenster. *„Ach könnte ich doch bloß am Meer sein"*, denkt er sich und seufzt leise.

Eine halbe Stunde später kommt Schwester Maria wieder in das Zimmer. Verwundert blickt sie sich um. „Hier ist ja noch alles ganz", stellt sie erstaunt fest. „Warum soll denn etwas kaputt sein?", fragt Winnie irritiert nach. „Na, weil Lilly es normalerweise nicht länger als fünf Minuten mit jemandem aushält, ohne etwas kaputt zu machen", antwortet Schwester Maria. Lilly guckt Schwester Maria böse an. Diese ignoriert das und sagt stattdessen: „Ich möchte euch beiden zum Essen abholen."

„Oh toll, endlich wieder ohne diesen Kobold", antwortet Lilly vergnügt und geht aus dem Zimmer.

Auf dem Weg zum Speisesaal schaut Schwester Maria Winnie an: „Der Weihnachtsmann hat vorhin angerufen. Er fragt, wie es dir geht und ob du wieder nach Hause möchtest?" Winnie überlegt kurz und antwortet dann: „Du kannst ihm sagen, dass es mir gut geht und ich noch etwas bleibe. Meine Aufgabe ist noch nicht erfüllt." Schwester Maria nickt.

Im Speisesaal angekommen blickt Lilly zu ihrem Platz. „Was soll das denn heißen? Warum sind da zwei Teller und Gläser", möchte sie wissen. „Weil Winnie bei dir am Tisch sitzt", antwortet Schwester Maria bestimmt. Lilly stemmt ihre Hände in die Taille. „Ich will aber nicht, dass der Kobold bei mir sitzt!", sagt sie wütend. „Nochmal, ich bin kein Kobold, Lilly Fee!", sagt Winnie trotzig. „Lilly Fee!", wiederholt eins der Kinder. Sofort fangen alle Kinder an zu lachen und rufen: „Lilly Fee! Lilly Fee!" Lilly bekommt vor Wut ganz rote Wangen. „Du bist gemein", schreit sie Winnie an, „ihr seid alle gemein!" Unter Tränen verlässt sie den Speisesaal. „Nun aber ruhig!", ermahnt Schwester Maria die Kinder. „Es wird nicht über andere gelacht!", ergänzt sie ernst. Insgeheim denkt sie jedoch, dass es Lilly etwas recht geschieht. Ärgert sie doch sonst die Kinder, macht sich über sie lustig, bringt sie zum Weinen, nimmt ihnen ihre Sachen weg oder macht ihre Sachen kaputt. Nie traut sich eins der Kinder jemals Lilly etwas zu sagen oder sich zu wehren.

Als Winnie sieht, dass Lilly wegen ihm angefangen hat zu weinen, bekommt er ein schlechtes Gewissen und läuft ihr nach.

Auf dem Weg zu ihrem Zimmer kommt Lilly an Winnies Zimmer vorbei. Entschlossen öffnet sie die Türe und geht zielstrebig zu dem Fenster, um die bunten Blumen abzureißen. Gerade als sie Winnies Strandbild zerstören will, kommt er ins Zimmer gelaufen. „Was machst du da??? Meine Sachen!!!", ruft er erschrocken. „Du bist so gemein! Hör sofort auf damit!", versucht er Lillys Handeln zu unterbinden. Lilly denkt jedoch nicht dran und reißt Winnies Strandbild von der Wand. Vor lauter Wut zerreißt sie es vor seinen Augen. Nun fängt Winnie an zu weinen. Entschlossen rennt er in Lillys Zimmer, nimmt sich das Fußballbuch und macht es ebenfalls kaputt. Er verteilt die einzelnen Seiten in ihrem Zimmer. Als Lilly das sieht, fängt sie an zu schreien: „Das ist mein Buch! Du hast mein Buch kaputt gemacht!!!" Voller Tränen reißt sie Winnie den Rest des Buches aus den Händen. „Weißt du, wie lange ich dafür gespart habe?", weint sie und wirft sich auf ihr Bett. Sie beginnt lautstark zu schluchzen. „Weißt du, wie lange ich für mein Bild gebraucht habe?", fragt Winnie traurig und verlässt das Zimmer.

In seinem Zimmer angekommen, schaut er auf
das Chaos. Schwester Maria, die alles
mitbekommen hat, versucht ihn zu trösten: „Es
tut mir sehr leid, Winnie. Ich hätte das kommen
sehen müssen." Winnie wischt sich die Tränen
aus seinen Augen. „Ist schon gut. Ich mache alles
wieder neu", sagt er traurig. Schwester Maria
streichelt ihm über den Kopf. „Ich habe dir dein
Essen mit auf das Zimmer gebracht. Du darfst
hier essen, wenn du das möchtest." Winnie nickt
und bedankt sich. Als Schwester Maria aus dem
Zimmer ist, beginnt Winnie, alles aufzuräumen
und neu zu dekorieren. Anschließend setzt er sich
an den Tisch und beginnt zu essen. Er denkt über
Lillys Worte nach, dass sie solange für das Buch
sparen musste. Auch wenn er immer noch nicht
versteht, warum ein Mädchen ein Fußballbuch

hat und es ihr eigentlich auch recht geschieht, dass ihr Buch jetzt kaputt ist, so hat er jetzt doch ein schlechtes Gewissen. *„Nur weil Lilly so gemein ist, muss ich ja nicht gemein sein“*, denkt er sich. Nach einem kurzen Zögern steht er auf, geht zu seiner Staffelei und beginnt zu malen. Er malt den schönsten Fußball, den er jemals gesehen hat. Anschließend geht er zu Lillys Zimmer und will gerade an die Tür klopfen, als er von drinnen Lillys Weinen hört. Winnies schlechtes Gewissen wird noch größer. Er schiebt das Bild unter der Türe hindurch und sagt leise: „Tut mir leid, Lilly!“

Winnie hat dies offensichtlich doch so laut gesagt, dass Lilly es hören konnte. Von drinnen ruft sie erschöpft: „Geh weg! Ich will dich nicht mehr sehen! Nie wieder!" Traurig geht Winnie auf sein Zimmer zurück. Dort macht er sich bettfertig und legt sich schlafen. Zum ersten Mal, seit Winnie denken kann, singt er sich nicht in den Schlaf.

Lilly hat inzwischen Winnies Bild gesehen. Eigentlich wollte sie es zerreißen, weil sie so wütend und traurig zugleich ist. „*Warum malt er mir ein Bild? Und warum tut es ihm leid?*", fragt sie sich. „*Ich habe doch angefangen. Es hat sich doch noch nie jemand bei mir entschuldigt, wenn ich angefangen habe*", stellt Lilly irritiert fest. Zum ersten Mal empfindet Lilly ein Gefühl, welches sie nicht benennen kann. Sie spürt tatsächlich eine Traurigkeit über das, was sie getan hat. Sie sitzt noch lange auf ihrem Bett und denkt über das

Geschehene nach, bevor auch sie endlich einschläft.

Nach einer unruhigen Nacht für beide, sitzen sich Winnie und Lilly am nächsten Morgen schweigend am Frühstückstisch gegenüber. Niemand traut sich, den anderen anzuschauen. Schwester Maria stellt fest, dass Lilly zum ersten Mal seit langem ruhig und anständig isst. Es ist fast so, als sei sie gar nicht da.

Nachdem Lilly zu Ende gegessen und ihr Geschirr weggeräumt hat, geht sie ebenso schweigend auf ihr Zimmer. Dort beginnt sie, ihren Rucksack zu packen. Winnie der noch einmal einen Versuch starten möchte, mit Lilly zu reden, sieht gerade noch, wie sie aus ihrem

Fenster klettert. Schnell rennt er in sein Zimmer, schnappt sich seinen Mantel und ebenfalls seinen Rucksack und rennt zur Eingangstür.

Nachdem er geschickt die Sicherung überwunden hat, rennt er nach draußen. Er schaut hektisch nach rechts und links und sieht dann in weiter Ferne Lillys Zöpfe. So schnell er kann läuft er los und schafft es tatsächlich, sie nach kurzer Zeit einzuholen.

Völlig außer Atem kommt er neben ihr an. Lilly erschrickt: „Winnie, was machst du denn hier?" Noch völlig außer Atem antwortet Winnie: „Das gleiche könnte ich dich fragen."

„Ich laufe weg, von diesem blöden Waisenhaus." Winnie traut seinen Ohren nicht: „Aber Lilly, das darf man nicht, das ist doch viel zu gefährlich", antwortet Winnie erschrocken. „Das ist mir egal. Ich bin schon so oft abgehauen, mir ist nie etwas passiert", antwortet Lilly unbekümmert. „Aber warum bist du eigentlich hier?", fragt sie Winnie irritiert. „Na, weil ich dich doch nicht alleine lassen kann", antwortet Winnie. „Du glaubst also, dass ich nicht alleine zurechtkomme?", fragt Lilly sarkastisch. Winnie überlegt. „Na ja, wenn du schon oft abgehauen bist und nie etwas passiert ist, dann kommst du wohl schon alleine klar."

„Dann kannst du ja wieder gehen", stellt Lilly fest. „Und wenn ich aber bei dir bleiben möchte, weil ich dich mag?", fragt Winnie leise. Lilly bleibt vor Schreck stehen und schaut Winnie an. „Sag niemals, dass du mich magst, ok?! Du kannst alles sagen was du willst, du kannst mit mir schimpfen und sagen, dass ich blöd, gemein und böse bin, aber sag niemals, dass du mich magst!"

„Machst du sonst wieder etwas von mir kaputt, wenn ich sage, dass ich dich mag?", fragt Winnie vorsichtig nach. Lilly zögert, dann sagt sie: „Hör zu, mich mag keiner, ok, mich mochte noch nie einer und so wird es auch immer sein." Winnie fragt sich, warum Lilly so denkt, behält die Frage jedoch erst einmal für sich. Nachdem sie ein paar Meter weiter gegangen sind, schaut Lilly Winnie erneut an: „Ich werde dich wohl nicht los, oder?", fragt sie ergebend. Winnie schüttelt den Kopf: „Nein, mich wirst du erst einmal nicht los", bestätigt er. „Na toll", sagt Lilly leise und geht weiter Richtung Innenstadt. Nach einer Weile sagt sie ebenfalls leise: „Danke, dass du mich eben nicht mehr Lilly Fee genannt hast."

„Ach weißt du, in deinen Augen mag ich nur ein dummer Kobold sein, aber ich bin nicht böse", antwortet Winnie traurig. Lilly schluckt. *„Irgendwie tut es mir leid, dass ich so böse zu Winnie war",* denkt sie, *„aber ich kann mich einfach nicht entschuldigen. Entschuldigen bedeutet Schwäche zeigen und ich bin doch nicht schwach."* Nachdem sie erneut eine Weile gegangen sind, fragt sich Lilly, ob es wirklich eine Schwäche ist, wenn man sich entschuldigt. Irgendwie hat sie Angst davor, kann mit Winnie aber nicht darüber reden, zumindest noch nicht. „Ich habe Hunger", stellt Winnie plötzlich fest. „Ich auch", antwortet Lilly. „Wir haben aber nichts zu essen da, oder hast du etwas mitgenommen?", fragt Winnie nach. Lilly schüttelt den Kopf: „Nein, habe ich leider nicht und wenn du fragst, dann du vermutlich auch nicht, oder?!" Winnie schüttelt den Kopf. „Ok, pass auf, ich regle das." Und schon ist Lilly in einer Bäckerei verschwunden.

Nachdem sie wieder heraus gekommen ist, fordert sie Winnie auf: „Los, Winnie, renn!" Ohne zu wissen, was passiert ist, rennt Winnie los und folgt Lilly in eine kleine Gasse. Völlig außer Atem hält sie ihm einen Weckmann entgegen. „Hier, der ist für dich", keucht sie. „Danke, aber warum rennen wir dafür so?", möchte Winnie wissen. Lilly guckt unruhig hin und her: „Das ist egal, iss einfach", fordert sie Winnie auf. Gerade als Winnie in den Weckmann beißen möchte, überkommt ihn ein komisches Gefühl. „Lilly! Hast du die etwa geklaut???", fragt Winnie schockiert. „Na, hast du etwa Geld dabei?", fragt Lilly ironisch. „Nein, aber deswegen darf man doch trotzdem nicht klauen", antwortet Winnie. „Komm, wir bringen sie zurück", fordert er Lilly auf. „Spinnst du? Wir haben doch Hunger", antwortet Lilly irritiert. „Ja, aber da muss es einen anderen Weg geben", sagt Winnie entschlossen. Als Lilly sieht, dass Winnie es ernst meint, steckt

auch sie ihren Weckmann zurück in die Tüte und
geht los.

„Wie sollen wir sie denn jetzt zurückbringen? Die
werden uns sofort schnappen und uns wieder ins
Waisenhaus bringen", fragt Lilly hilflos. „Wie
wäre es, wenn du dich entschuldigst und ihnen
erklärst, dass wir Hunger haben."
„Ich soll mich entschuldigen???"
„Ja, ich weiß, das ist nicht gerade deine
Lieblingsaufgabe, aber das muss jetzt mal sein."

„Warum sollte ich das tun?", möchte Lilly wissen.
„Weil ich nicht daran glaube, dass du so böse bist,
wie du immer tust", antwortet Winnie
entschlossen. *„Das hat gesessen"*, denkt Lilly. Vor
der Bäckerei angekommen, zögert Lilly einen
Moment. „Na, komm, ich bin bei dir", sagt
Winnie und reicht ihr die Hand.

Als sich die Türe öffnet und eine Frau heraus
kommt, nimmt Lilly ängstlich Winnies Hand und
geht mit ihm hinein. An der Theke erkennt sie die
Frau wieder, die sie vorhin beklaut hat. Lilly
schaut ängstlich zu Winnie, der ihr zuzwinkert.
Lilly schaut zu Boden. „Es... es... also... ich
wollte sagen, dass, also..." Lilly zögert. „Ich kann
das nicht, Winnie!", sagt Lilly verzweifelt. „Doch,
du kannst das", ermutigt er sie. Plötzlich fängt

Lilly an zu weinen: „Es tut mir leid. Ich wollte nicht böse sein. Wir haben doch nur Hunger und kein Geld." Lilly kann sich gar nicht mehr beruhigen. Die Verkäuferin kommt um die Theke herum. „Ach, Kleines, nicht weinen. Es ist doch alles gut. Du warst so ehrlich, und hast das Essen zurück gebracht. Ich nehme deine Entschuldigung an." Die Verkäuferin beugt sich herunter zu Lilly und streichelt ihr über den Kopf. Bei dieser Geste erschrickt Lilly und macht sich sofort steif. Die Verkäuferin bemerkt dies und lässt Lilly sofort wieder los. „Weißt du was, Kleines, ich lade dich und deinen kleinen Freund zum Essen ein. Setzt euch an den Tisch und esst in Ruhe euren Weckmann. Ich werde euch noch zwei Tassen Schokolade mit Sahne bringen. Ihr mögt doch heiße Schokolade, oder?", fragt die Verkäuferin mit einem Lächeln. Winnie und Lilly nicken irritiert und setzen sich an den freien Tisch in der Ecke.

Nachdem die Verkäuferin wieder da ist und die Tassen vor Winnie und Lilly gestellt hat, schaut Lilly beschämt und ängstlich zu Boden. „Rufen Sie jetzt die Polizei?", fragt sie leise nach. Die Verkäuferin schüttelt den Kopf: „Nein, Kleines, ich rufe nicht die Polizei." Die Verkäuferin weiß, dass Lilly aus dem Waisenhaus ist und regelmäßig abhaut. „Trinkt jetzt mal in Ruhe eure heiße Schokolade und esst euren Weckmann. Ich komme gleich wieder zu euch." Mit diesen Worten verschwindet die Verkäuferin in den Raum hinter der Verkaufstheke.

Dort ruft sie im Waisenhaus an und informiert Schwester Maria über die Geschehnisse. Schwester Maria ist sehr irritiert, über Lillys Handeln, und so beschließt sie, nach Rücksprache mit dem Weihnachtsmann, Lilly erst einmal nicht wieder ins Waisenhaus zurück zu holen.

Zehn Minuten später kommt die Verkäuferin zu Winnie und Lilly zurück. „Na, hat es euch geschmeckt?", fragt sie freundlich nach. „Ja, sehr gut, danke!", antwortet Winnie ebenfalls freundlich. „Und dir, Kleines?", möchte die Verkäuferin wissen. Lilly nickt nur. Zu sehr schämt sie sich über das, was passiert ist. „Ihr seht aus, als ob ihr noch eine lange Reise vor euch habt. Ich würde euch gerne noch ein Stück Kuchen und einen Saft eurer Wahl mit auf den Weg geben." Lilly kann nicht glauben, was die Verkäuferin da gerade gesagt hat und so schaut sie sie zum ersten Mal an. Die Verkäuferin erkennt eine tiefe Traurigkeit in Lillys Augen. „Was möchtest du für ein Stück Kuchen haben, Kleines?", fragt die Verkäuferin liebevoll nach. Lilly kann nicht antworten, so ungewohnt ist für sie die Situation. Die Verkäuferin schaut Winnie an. „Weißt du denn, was du haben möchtest?", fragt sie ihn. „Also ich liebe Käsekuchen", sagt er und strahlt dabei über das ganze Gesicht. „Gut, einmal Käsekuchen für dich und einmal…" Sie schaut erneut zu Lilly. „Einmal Apfelkuchen, bitte", sagt Lilly leise. Die Verkäuferin lächelt. „Also, einmal Käsekuchen und einmal Apfelkuchen. Und die Getränke?", möchte sie wissen. Winnie und Lilly bestellen einen Orangen- und einen Apfelsaft. Als die Verkäuferin die Sachen zusammenstellt, schaut Lilly Winnie an. „Wir haben gar nichts, um uns zu bedanken", sagt sie beschämt. Winnie überlegt kurz. „Aber natürlich haben wir etwas." Vorsichtig zieht er seinen Beutel mit den bunten Blumen aus dem

Rucksack. Beim Anblick der vielen bunten Blumen guckt Lilly Winnie irritiert an: „Warum hast du die Blumen alle???", möchte sie wissen. „Ich liebe Blumen", antwortet Winnie. „Ja, aber du bist ein Weihnachtself, du musst Weihnachtssachen mögen", stellt Lilly fest. „Ja, und du bist ein Mädchen, du musst Mädchensachen mögen und kein Fußball", antwortet Winnie trotzig. Lilly fragt sich, ob sie und Winnie doch gar nicht so unterschiedlich sind, wie es auf den ersten Blick aussieht. „Schnell, suche dir eine Blume aus!", fordert Winnie Lilly auf. Lilly sieht, dass die Verkäuferin zurück kommt und entscheidet sich schnell für eine lilafarbene Blume. Winnie nimmt sich eine rote Blume aus dem Beutel heraus. Als die Verkäuferin alles auf den Tisch gestellt hat, steht Lilly auf und hält ihr die Blume entgegen. „Es ist jetzt zwar nicht weihnachtlich, aber wir haben nichts anderes. Wir möchten Ihnen die Blumen schenken."

„Ja, genau", sagt Winnie und steht ebenfalls auf, um der Verkäuferin die Blume zu überreichen. Gerührt von dieser Geste beugt sich die Verkäuferin herunter und nimmt Winnie in den Arm, um sich zu bedanken. Lilly, die das ganze aufmerksam beobachtet, spielt unruhig mit ihren Händen und zupft an ihrem Mantel. Die Verkäuferin wendet sich Lilly zu und streckt ihr die Hand entgegen. „Ich weiß ja, dass du es offensichtlich nicht magst, wenn man dich berührt", sagt sie mit einem Lächeln und denkt dabei an die Situation, als sie Lilly über den Kopf gestreichelt hat. Zum Überraschen der Verkäuferin fällt Lilly ihr plötzlich in die Arme und drückt sich feste an sie. Auch Winnie ist über Lillys Reaktion überrascht und schaut die beiden mit großen Augen und offenem Mund an. Die Verkäuferin legt liebevoll ihre Arme um Lilly und streichelt ihr sanft über den Rücken. „Du bist ein liebes Mädchen", sagt sie leise. Sofort löst sich Lilly aus der Umarmung, schaut zu Boden und schüttelt den Kopf. „Nein, ich bin kein liebes Mädchen, ich bin böse", antwortet sie, nimmt sich den Kuchen und den Saft und läuft hinaus. Winnie, der immer noch mit offenem Mund da steht, fragt irritiert: „Was war denn das?" Die Verkäuferin, die Lilly mitleidig nachgeschaut hat, schaut Winnie an. „Weißt du, kleines Kerlchen, die Kleine ist offensichtlich sehr verletzt worden. Aufgrund dessen hat sie eine Mauer um sich gebaut und kann keine Gefühle zulassen." Die Verkäuferin macht eine kurze Pause, dann fährt sie fort: „Die Kinder, die im Waisenhaus aufwachsen, haben meist ganz schwere oder unglückliche Schicksale. Die Kleine wird sich vermutlich verstoßen vorkommen und denken, dass sie im Waisenhaus ist, weil sie böse ist."

„Ich finde Lilly aber nicht böse, sie tut nur so, als sei sie böse", sagt Winnie überzeugt. Die Verkäuferin streichelt Winnie über den Kopf. „Und ich bin mir sicher, dass du recht hast", bestätigt sie. „Aber was kann man denn dagegen machen?", möchte Winnie wissen. Die Verkäuferin seufzt: „Das geht nur über Vertrauen aufbauen und mit viel Zeit und Geduld", erklärt sie Winnie. Winnie überlegt. „Ich möchte versuchen, ihr zu helfen", sagt er dann fest entschlossen. „Weißt du was, kleines Kerlchen? Ich glaube sogar, dass du das schaffen kannst", antwortet die Verkäuferin. Winnie bekommt erneut große Augen: „Wieso kann ich das schaffen?", möchte er wissen. Die Verkäuferin lacht: „Weißt du, wie oft das kleine Mädchen mich schon bestohlen hat? Sie kam noch nie wieder, um etwas zurück zu bringen, erst recht nicht, um sich zu entschuldigen." Winnie schaut zur Tür. „Das wusste ich nicht", sagt er leise. Die

Verkäuferin reicht Winnie sein Stück Kuchen und den Orangensaft. „Geh zu ihr, sie wartet bestimmt schon auf dich", fordert die Verkäuferin Winnie freundlich auf. „Meinst du?", fragt Winnie etwas ungläubig. „Ich bin mir da ganz sicher", antwortet die Verkäuferin. Winnie nimmt das Stück Kuchen und den Orangensaft, packt beides vorsichtig in seinen Rucksack und bedankt sich artig. Beim Rausgehen ruft ihm die Verkäuferin hinterher: „Es würde mich freuen, wenn ich euch beide mal wiedersehen würde." Winnie dreht sich noch einmal um, schaut die Verkäuferin an und sagt: „Wir kommen wieder, versprochen!" Dann verlässt er die Bäckerei und macht sich auf, um Lilly zu suchen.

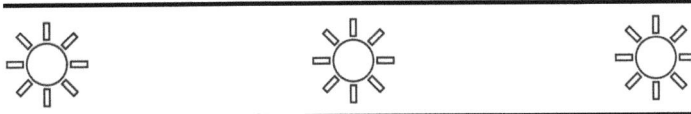

Winnie läuft zur kleinen Gasse, wo Lilly ihm vorhin den Weckmann gegeben hat.

„Wie hast du mich gefunden?", fragt Lilly wütend.

„Das war jetzt nicht ganz so schwer", antwortet Winnie. „Warum bist du weggelaufen?", möchte er wissen. „Ich bin nicht weggelaufen", antwortet Lilly immer noch wütend. „Das sah aber ganz schön anders aus, gerade", stellt Winnie fest. „Ach, lass mich doch in Ruhe, das verstehst du sowieso nicht." Mit diesen Worten lässt Lilly Winnie stehen und läuft wieder Richtung Innenstadt. „Gut, dann verstehe ich es eben nicht, aber darf ich dann wenigstens trotzdem mit dir mitkommen?", möchte Winnie wissen. „Du machst ja sowieso das, was du willst", ruft Lilly zurück, ohne sich dabei umzudrehen. Sofort läuft Winnie los, um mit Lilly zu gehen.

Während sie laufen, schaut Lilly immer wieder vorsichtig in alle Richtungen. „Warum schaust du dich denn immer so um?", möchte Winnie wissen. „Na, warum wohl, du Schaulkopf?", fragt Lilly. Winnie weiß es zwar, zuckt jedoch mit den Achseln. „Vielleicht, weil ich abgehauen bin und die mich jetzt wieder suchen?!", antwortet Lilly genervt. „Klingt einerseits logisch, andererseits jedoch wieder nicht", stellt Winnie fest. „Was soll das denn heißen", fragt Lilly. „Na, wenn du doch so böse und gemein bist, dann können die doch eigentlich froh sein, dass du weg bist", antwortet Winnie nachdenklich. Lilly rümpft die Nase: „Du bist so gemein", sagt sie und rennt wieder los. Winnie kann gerade noch sehen, wie sich Lillys Augen wieder mit Tränen füllten. Er seufzt und rennt erneut hinter ihr her.

Kurz vor einer Kirche bleibt Lilly stehen und holt mehrmals tief Luft. „Werde ich dich denn gar nicht mehr los?", fragt sie genervt. Winnie denkt an das, was die Verkäuferin ihm gesagt hat. „Doch, wirst du", sagt er dann, „du musst mir nur sagen, dass ich weggehen soll und nicht immer selber weglaufen", ergänzt er. Lillys Blick fällt zu einem Elternpaar, welches ihre kleine Tochter an der Hand hält und fröhlich mit ihr in die Kirche geht. Winnie sieht, dass Lilly ihnen traurig nachschaut.

Nach ein paar Minuten fragt sie: „Wenn ich dir also sage, dass du gehen sollst, dann wirst du gehen und mich für immer in Ruhe lassen?" Winnie überlegt kurz. *„Wenn Lilly mich wegschickt, könnte ich einfach gehen, weil es ihr Wunsch ist".* Er denkt noch einmal ganz feste an das, was die Verkäuferin ihm gesagt hat: *„Vielleicht sollte ich aber auch nicht gehen, weil Lilly es in Wirklichkeit gar nicht möchte?! Vielleicht kann sie nur gar nicht sagen, dass ich bei ihr bleiben soll, weil sie davon ausgeht, dass alle von ihr weggehen…"*

„Hallo??? Bist du noch da, oder sitzt du gedanklich schon wieder beim Weihnachtsmann?", unterbricht Lilly Winnie genervt in seinen Gedanken. „Weißt du Lilly, ich habe es mir gerade überlegt, wenn du mich weg schickst und es wirklich dein Wunsch ist, dann gehe ich."

„Aber?", fragt Lilly nun etwas unsicher. Winnie schaut Lilly in die Augen: „Kein aber. Du musst es mir nur sagen."

„Gut, dann möchte ich, dass du gehst. Ich möchte dich nie wieder sehen", sagt Lilly mit zittriger Stimme. „Wie du wünschst, Lilly. Leb wohl!" Mit diesen Worten dreht sich Winnie um und geht Richtung Kirche. Lilly schaut ihm verunsichert hinterher. Sie fängt an zu weinen. *„Wieso weine ich jetzt? Das ist doch nur ein Weihnachtself, der mich auch nicht mag... einer von vielen"*, denkt Lilly. Lilly sieht, wie Winnie in der Kirche verschwindet.

„Und wenn ich ihn jetzt wirklich nie wieder sehe?",
überlegt sie. Und wie zuvor in der Bäckerei,
beginnt sie ihre Hände zu kneten und an ihrem
Mantel zu zupfen. „Ach, dann soll es halt so
sein", sagt sie wütend und geht fort.

Nachdem sie eine Weile gelaufen ist, kommt sie an einem Fußballplatz vorbei. Fest entschlossen geht sie durch das Tor und setzt sich auf eine der Bänke. Auf dem Fußballfeld spielen ein paar Jungs Fußball. Lilly schaut ihnen interessiert zu. *„Warum muss ich ständig an Winnie denken?"*, fragt sie sich traurig. „Er ist doch einfach gegangen und hat mich alleine gelassen", sagt Lilly wütend zu sich selbst. „Du hast gesagt, dass ich gehen soll und du mich nie wiedersehen willst", ertönt hinter ihr eine Stimme. Lilly dreht sich erschrocken um. „Winnie!!!", sagt sie erfreut und springt auf. „Oh, was ist das?", fragt Winnie überrascht. „Du freust dich, mich zu sehen?" Lilly schaut unsicher hin und her. „Ja, nein… also… vielleicht", antwortet sie leise. „Ach weißt du, Lilly, ich freue mich auch, dich zu sehen", seufzt Winnie und setzt sich neben Lilly auf die Bank. Lilly setzt sich ebenfalls wieder. „Warum freust du dich so? Ich meine, ich habe dich doch weg geschickt." Winnie nickt. „Ja, das hast du zwar…"

„Aber?", unterbricht Lilly ihn. „Auch wenn du es nicht hören willst, Lilly, aber ich mag dich wirklich", antwortet Winnie. Lilly schaut zu Boden. „Warum sagst du so etwas? Keiner mag mich. Nicht einmal meine Eltern mögen mich."

„Warum sagst du so etwas, Lilly?", möchte Winnie wissen. „Na, warum bin ich sonst seit acht Jahren im Waisenhaus? Ich bin mit vier Monaten ins Waisenhaus gekommen und habe meine Eltern noch nie gesehen. Alle anderen Kinder sehen ihre Eltern, nur ich sehe meine nicht. Ich muss also schon ganz böse gewesen sein, dass mich meine Eltern nicht mehr gerne haben und nicht einmal mehr sehen wollen", sagt Lilly traurig und fängt an zu weinen. „Hast du denn jemals nach deinen Eltern gefragt", fragt Winnie mitfühlend. Lilly schüttelt den Kopf: „Nein, habe ich nicht", antwortet sie. „Aber warum denn nicht?", möchte Winnie wissen. „Wenn ich meinen Eltern egal bin, dann sind sie mir auch egal!", antwortet Lilly wenig überzeugend. Winnie seufzt: *„Ich muss rausfinden, was mit Lillys Eltern ist"*, denkt er. Beide schauen den Jungs beim Fußballspielen zu. „Warum magst du eigentlich Fußball so gerne?", fragt Winnie. „Ich finde es einfach schön. Es macht voll viel Spaß", antwortet Lilly mit einem Leuchten in den Augen. „So, dann hast du also schon oft Fußball gespielt?", möchte Winnie wissen. Lilly schüttelt den Kopf und schaut zu Boden. „Nein, ehrlich gesagt noch nie", antwortet sie traurig. „Waaasssss? Du liebst Fußball, hast aber noch nie selber Fußball gespielt?", fragt Winnie irritiert. „Na, wo soll ich denn schon Fußball spielen?", antwortet Lilly hoffnungslos. „Oh, warte, das haben wir gleich." Mit einem Satz hüpft Winnie von der Bank und macht sich auf, Richtung Spielfeld. Lilly eilt ihm erschrocken hinterher. „Winnie, was hast du vor?", ruft sie ihm nach. Ohne zu antworten, betritt Winnie das Spielfeld. „Hallo, Jungs, darf man bei euch mitspielen?", fragt er nach. Die Jungs bleiben abrupt stehen. Sie schauen Winnie an und fangen an zu lachen. „Wie siehst du denn aus???"

„Du willst Fußball spielen???" Winnie schüttelt den Kopf: „Nein, nicht ich, meine Freundin Lilly möchte mit euch spielen." Die Jungs lachen noch lauter. „Ein Mädchen will Fußball spielen", sagt der größte der Jungs. „Weißt du überhaupt, was ein Fußball ist?", fragt ein anderer. „Und der kleine Kobold da muss für das Mädchen fragen", sagt der Dritte. Lilly sieht, dass Winnie traurig wird und den Tränen nahe ist. Schnell stellt sie sich neben ihn. „Lasst Winnie in Ruhe, Winnie ist mein Freund!", sagt sie wütend. „Klar, dein Freund", lacht der Große. Lilly stellt sich direkt vor den großen Jungen. „Pass auf, du Blödmann, Winnie ist mein Freund und er ist kein Kobold. Er ist ein Weihnachtself", sagt Lilly in einem scharfen Tonfall. „Ok, ok, kleines Mädchen, beruhige dich!", antwortet der große Junge mit einem Lachen. Den großen Jungen nicht aus den Augen lassend, kickt Lilly plötzlich den Ball unter seinem Fuß weg und rennt los. „Hey, spinnst du?!", ruft der große Junge ihr nach. „Was denn? Hast du etwas Angst vor einem Mädchen, du Blödmann?", ruft Lilly zurück. Die Jungs rennen Lilly hinterher und versuchen, ihr den Ball abzunehmen. Lilly spielt den Ball aber gekonnt um sie herum und schießt ihn Richtung Winnie. „Hier, Winnie, nimm!", ruft sie. Winnie nimmt den Ball an und schaut zu Lilly. „Lauf Richtung Tor, Winnie!", fordert sie ihn auf und zeigt auf das Tor zu seiner rechten Seite. Winnie läuft los und schießt den Ball vor sich her. Gerade als der große Junge Winnie den Ball abnehmen will, rennt Lilly dazwischen und kickt den Ball zurück. Sie dreht sich einmal um ihre eigene Achse und spielt den Ball um zwei weitere Jungs, die gerade angerannt kommen, herum.

Zielstrebig läuft sie auf das Tor zu. Der große Junge hat Lilly wieder eingeholt und will ihr erneut den Ball abnehmen, als Lilly durch eine weitere Drehung den Ball im Tor versenkt. Die Jungs bleiben irritiert stehen und können ihren Augen nicht trauen. „Hat sie jetzt wirklich ein Tor geschossen?", fragt einer der Jungs ungläubig nach. „Ja, ich fürchte schon", antwortet ein anderer. „Sie hat sich jetzt wirklich gegen uns fünf durchgesetzt?", fragt der eine. „Ja, das hat sie", nickt der andere. „Euer Torwart ist nicht gerade der beste", ruft Lilly und dreht sich um. „Komm, Winnie, wir gehen!", fordert sie ihn auf. Winnie, der ebenfalls vollkommen beeindruckt von Lillys Leistung ist, läuft neben sie. „Und du bist dir sicher, dass du noch nie Fußball gespielt hast?", fragt er mit einem Lachen. Lilly lacht zurück: „Nein, nicht wirklich", antwortet sie.

Kurz bevor sie am Tor angelangt sind, holt sie der große Junge ein. „Hey, ihr, wartet mal!", ruft er. Lilly dreht sich um. „Was ist? Du hast doch deinen Ball wieder!", antwortet sie erneut mit einem scharfen Tonfall. Der große Junge guckt unsicher zwischen Lilly und Winnie hin und her. „Unser Torwart ist wirklich nicht der beste", sagt er dann. „Ja, und?", möchte Lilly wissen. „Wir hätten noch ein paar Torwarthandschuhe", sagt der große Junge schüchtern. „Und du denkst, dass euer Freund damit besser spielen kann?", lacht Lilly. „Vielleicht willst du ja mitspielen", sagt der große Junge, ohne dabei die Lippen großartig zu bewegen. „Ich will was???", fragt Lilly irritiert. „Er fragt, ob du mitspielen willst", freut sich Winnie und klatscht in die Hände. „Ja, das habe ich schon verstanden", sagt Lilly, „aber warum fragt du das?", möchte sie von dem großen Jungen wissen. Der große Junge wird nervös. „Spielst du jetzt mit oder nicht?", fragt er immer noch unsicher. „Das muss aber eine große Überwindung für dich sein, dass du ein Mädchen fragst", versucht Lilly den großen Jungen zu ärgern. „Dann halt nicht", antwortet der große Junge und dreht sich herum. „Hey, ich habe doch gar nicht nein gesagt", antwortet Lilly. „Cool… ich meine… gut", sagt der große Junge knapp. Er schaut Winnie an. „Spielst du auch mit?", fragt er ihn freundlich. „Ach nein, ich schaue euch lieber zu", antwortet Winnie fröhlich und läuft wieder zu den Bänken. Lilly und er große Junge gehen Richtung Spielfeld. „Ich heiße übrigens Jonas", sagt der große Junge. „Ich bin Lilly", antwortet sie mit einem Lächeln. Nachdem sich die anderen Jungs Lilly vorgestellt haben, geht es auch schon los. Jonas überreicht ihr ein paar Torwarthandschuhe, die Lilly freudestrahlend entgegennimmt. „Hast du schon einmal im Tor gestanden", möchte Jonas wissen. Lilly schüttelt den Kopf: „Nein, noch nie", antwortet sie. „Na, wenn du da auch so ein Naturtalent bist, wie im Tore schießen, dann werden wir es wohl schwer haben", sagt er und zwinkert Lilly zu. Keine zwei Minuten später beginnen sie mit dem Spiel. Winnie beobachtet alles ganz genau und freut sich über jeden Ball, denn Lilly fängt. „Super Lilly! Toll! Ja, weiter so!", ruft er immer wieder begeistert von der Bank und klatscht dabei vergnügt in die Hände. Nach einer Stunde sind alle völlig außer Atem. „Verdammt, bist du gut!", sagt einer der Jungs, der sich mittlerweile als Johannes vorgestellt hat. „Ja, das bist du wohl", stimmt Jonas zu. Glücklich und zufrieden gibt Lilly Jonas die Torwarthandschuhe zurück. „Danke, Jungs, es hat echt Spaß gemacht, mit euch", sagt sie und macht sich auf, Richtung Winnie. Winnie läuft ihr freudestrahlend entgegen. „Lilly, das hast du so toll gemacht", sagt er und klatscht erneut in seine kleinen Hände.

Gerade als Winnie und Lilly zum Tor gehen wollen, ruft Jonas sie zurück: „Hey, ihr beiden, wartet mal!" Winnie und Lilly drehen sich um. „Kommst du mal wieder vorbei?", fragt er Lilly. „Wir können echt noch so eine coole Torwartfrau wie dich gebrauchen", ergänzt Jonas schüchtern. „Ich dachte, Mädchen können kein Fußball spielen", antwortet Lilly sarkastisch. „Jetzt streu nicht noch Salz in die Wunde", sagt Jonas und schaut dabei zu Boden. Nach einem kurzen Zögern schaut er Lilly wieder an. „Also? Kommst du mal wieder vorbei?", versucht er es erneut. Lilly schaut Winnie an, der voller Freude nickt.

„Ich glaube, das geht nicht", antwortet Lilly traurig und dreht sich um Richtung Ausgang. „Überleg es dir!", ruft Jonas ihr noch hinterher. Ohne zu antworten, verlässt Lilly den Fußballplatz. Winnie, der noch zwischen Lilly und Jonas hin und her geschaut hat, zuckt entschuldigend mit den Achseln und läuft zu Lilly.

„Warum hast du nicht gesagt, dass du wiederkommst? Das hat dir doch so viel Spaß gemacht", fragt Winnie irritiert. „Stell dir mal vor, wenn die wissen, dass ich aus dem Waisenhaus komme. Das finden die bestimmt voll ätzend", antwortet Lilly. „Warum sollten sie?", fragt Winnie immer noch irritiert. „Weil Waisenkinder nun mal voll ätzend sind", antwortet Lilly traurig, „keiner mag Waisenkinder."

„Das stimmt nicht, ich mag dich!", antwortet Winnie entschlossen. Lilly seufzt und läuft dann schweigend weiter.

Nach einer Weile fragt Winnie: „Hast du eigentlich auch Hunger?" Lilly nickt. „Ja, sehr! Was sollen wir denn essen?" Winnie überlegt kurz. „Wir haben doch noch den Kuchen aus der Bäckerei", antwortet Winnie mit leuchtenden Augen. „Stimmt ja, Winnie", freut sich Lilly ebenfalls. „Komm, wir suchen uns einen Platz, wo wir den Kuchen essen können", schlägt Lilly vor. Winnie nickt. „Ist gut."

Gerade als sie einen Platz gefunden haben und sich setzten wollen, fällt ihr Blick auf einen Obdachlosen. Winnie schaut Lilly an. „Du, Lilly, glaubst du, der Mann da hat auch Hunger?", fragt er mitfühlend. Lilly schaut den Mann an. „Ja, ich glaube schon", antwortet sie dann. „Sollen wir unser Essen mit ihm teilen?", schlägt Winnie vor. Lilly nickt. „Ja, das ist eine gute Idee. Wir haben genug für uns drei." Winnie und Lilly gehen zu dem Mann hinüber. „Was jetzt?", fragt Lilly leise. „Rede mit ihm", antwortet Winnie ebenfalls leise. „Ich traue mich nicht. Mach du das, Winnie", fordert Lilly Winnie auf. Winnie überlegt kurz, nimmt sich dann einen Ruck und spricht den Mann an. „Hallo!", begrüßt er ihn. „Ich bin Winnie und das ist meine Freundin Lilly", stellt er sich und Lilly vor. Der Mann schaut die beiden irritiert an. „Ich habe nichts, was ich euch geben kann", sagt er dann. Winnie schüttelt den Kopf: „Oh, nein, wir möchten nichts haben. Wir wollen dir etwas geben", versucht Winnie zu erklären. Der Mann schaut immer noch irritiert. Winnie stellt seinen kleinen Rucksack auf den Boden und holt das Stück Käsekuchen hervor. „Du siehst hungrig aus und deswegen möchten wir dir ein

Stück Kuchen schenken", sagt Winnie und lächelt den Mann an. Der Mann schaut auf die Tüte. „Magst du keinen Kuchen?", fragt Winnie unsicher. „Wenn du keinen Käsekuchen magst, Lilly hat einen Apfelkuchen. Vielleicht möchtest du den haben?!", versucht Winnie es weiter. Der Mann schüttelt den Kopf: „Nein, das ist es nicht. Ich kann mich nur nicht daran erinnern, wann ich das letzte Mal ein Stück Kuchen gegessen habe", sagt der Mann leise. Winnie und Lilly schauen sich erschüttert an. „Aber einen Kuchen kann man doch immer essen", sagt Lilly schließlich. Der Mann schüttelt erneut den Kopf: „Wenn man auf der Straße lebt, dann kann man ganz selten mal ein Stück Kuchen essen. Und dann auch nur, wenn ihn jemand weggeworfen hat und man ihn findet", erklärt der Mann traurig. „Oder man ein Stück Kuchen geschenkt bekommt", sagt Winnie und setzt sich neben den Mann. „Also, Käsekuchen oder Apfelkuchen?", fragt er fröhlich. „Das ist eine schwere Entscheidung“, antwortet der Mann unsicher. „Dann bekommst du einfach von uns beiden ein Stück“, sagt Lilly und setzt sich ebenfalls neben den Mann. „Das ist eine gute Idee“, stimmt Winnie zu. Winnie und Lilly brechen je ein Stück von ihrem Kuchen ab und reichen es dem Mann. „Guten Appetit“, wünscht Lilly. Nachdem Winnie und der Mann ebenfalls einen guten Appetit gewünscht haben, beißen alle genüsslich in ihren Kuchen. „Ah, mir fällt gerade noch etwas ein“, sagt Winnie und zieht die Flasche Orangensaft aus seinem kleinen Rucksack. „Wir haben doch auch noch etwas Saft.“

„Oh, ja, stimmt“, bestätigt Lilly und zieht ebenfalls ihre Saftflasche aus dem Rucksack. Beide schütten nacheinander etwas von ihrem Saft in den Plastikbecher, welcher vor dem Mann steht. Dieser bedankt sich und trinkt dann jeweils langsam den Becher aus.

Nachdem sie alle zu Ende gegessen und getrunken haben, schaut Winnie den Mann an und fragt: „Warum bist du eigentlich obdachlos?" Der Mann seufzt: „Wisst ihr, ich hatte eigentlich alles. Eine wunderhübsche und liebe Frau, zwei ganz brave und tolle Mädchen, ein schönes Häuschen und eine tolle Arbeit…"

„Das klingt doch sehr gut", unterbricht Winnie ihn. „Ja, das stimmt", stimmt Lilly zu. „Ja, das war sehr schön", bestätigt der Mann. „Was ist dann passiert?", möchte Lilly wissen. „Wisst ihr, ich habe nicht erkannt, dass ich dabei war, meine Familie zu verlieren."

„Wie kann man denn seine Familie verlieren?", fragt Winnie erstaunt nach. „In dem man arbeitet und noch mehr arbeitet und noch mehr arbeitet. Alles, um es für die Familie schön zu haben", der Mann zögert kurz, „und natürlich auch für sich selbst", ergänzt er dann. „Jedenfalls habe ich nicht gemerkt, wie ich immer weniger Zeit für meine Familie hatte. Meine Frau war sehr viel alleine mit den Kindern und irgendwann hat sie mich vor die Wahl gestellt."

„Vor welche Wahl denn?", fragt Lilly. „Ja, vor welche Wahl?", möchte auch Winnie wissen. „Vor die Wahl, entweder ich trete kürzer, was die Arbeit angeht, oder ich verliere meine Familie", antwortet der Mann. „Du hast dich doch wohl für deine Familie entschieden?", fragt Winnie aufgeregt. Der Mann senkt den Kopf: „Ich dachte, meine Frau meint es nicht ernst und es beruhigt sich alles wieder", antwortet er leise. Lilly guckt auf den leeren Plastikbecher und anschließend auf den Pappbecher, der ein paar wenige Münzen beinhaltet. „Es hat sich nicht wieder alles beruhigt, oder?!", fragt Winnie nach. Der Mann schüttelt den Kopf „Nein, es hat sich nicht wieder alles beruhigt", bestätigt er. „Was ist dann passiert?", möchte Lilly wissen. „Meine Frau hat ihre und die Sachen der Mädchen gepackt und wollte ausziehen. Ich habe versucht, mit ihr zu reden, sie versucht, aufzuhalten, aber hoffnungslos. Sie wollte nicht mehr bei mir bleiben. Ich flehte sie an, dass sie wenigstens mit den Mädchen im Haus bleiben solle."

„Ist sie geblieben?", fragte Winnie leise. „Ja, sie ist geblieben", bestätigt der Mann, „aber ich bin gegangen", antwortet er. „Das ist aber traurig", sagt Winnie. „Ja, sehr traurig", stimmt Lilly zu. „Was ist dann passiert?", möchte Winnie wissen. „Anfangs wohnte ich in einem kleinen Apartment und ich arbeitete noch mehr als zuvor. Schnell merkte ich aber, dass die Sehnsucht nach meiner

Frau und nach meinen Töchtern immer größer wurde. Ich versuchte, noch ein paar Mal, mit meiner Frau zu reden und sie umzustimmen…"

„Aber sie ist nicht darauf eingegangen?!", unterbricht Lilly ihn leise. „Das stimmt, sie ist nicht darauf eingegangen", bestätigt der Mann und beginnt zu weinen. Winnie und Lilly sehen sich traurig an. „Aber warum lebst du denn jetzt auf der Straße?", fragt Winnie nach. „Irgendwann kam der Punkt, wo ich nicht mehr weiter konnte. Ich verlor meine Arbeit, damit das Apartment und so saß ich auf der Straße", erklärt der Mann. „Aber hast du denn nicht mehr versucht, mit deiner Frau zu reden?", möchte Lilly wissen. Der Mann schüttelt den Kopf: „Nein, seitdem ich auf der Straße lebe und das sind jetzt drei Jahre, habe ich nicht mehr mit ihr geredet", sagt er traurig. „Warum denn nicht? Vielleicht habt ihr doch noch eine Chance", versucht Lilly den Mann zu trösten. „Sie hat vorher nicht mehr mit mir

geredet, sie wird es auch jetzt nicht mehr tun",
erklärt der Mann. „Außerdem, was will eine Frau
von einem Mann, der auf der Straße lebt?", fragt
er leise. „Ich finde, du solltest es noch einmal
versuchen", sagt Lilly entschlossen. „Ja, das finde
ich auch", stimmt Winnie zu. „Und wenn es
wieder nicht klappt?", fragt der Mann
hoffnungslos. „Dann hast du wenigstens alles
getan, was du tun konntest. Und ganz ehrlich",
Lilly schaut erneut auf den Pappbecher mit den
Münzen, „was kann denn noch schlimmer
kommen?" Der Mann überlegt. „Ich könnte
meine Würde verlieren?" Lilly guckt ihn skeptisch
an. „Ernsthaft jetzt?" Jetzt guckt auch der Mann
auf den Pappbecher und auf die wenigen Sachen,
die ihm geblieben sind. „Wie können so ein
kleines Mädchen und so ein kleiner Weihnachtself
so kluge Worte finden?", fragt er und gibt sich
geschlagen. „Wir sind halt ein gutes Team", lacht
Lilly. „Das stimmt", freut sich Winnie über Lillys

Aussage. Lillys Blick fällt auf einen kleinen Jungen, der von seiner Mutter eine Münze bekommen hat, um diese dem Mann in den Becher zu legen.

Der Mann bedankt sich und lächelt den kleinen Jungen traurig an. „Viel kommt da nicht zusammen, oder?", fragt Lilly traurig. „Es reicht, um eine warme Mahlzeit am Tag zu haben", antwortet der Mann. „Ich habe eine Idee", sagt

Winnie fröhlich, „wir können doch etwas singen. Du kannst das doch so schön, Lilly."

„Ich weiß nicht. Ich glaube nicht, dass das, was ich singen kann, das Richtige für Weihnachten ist." Sie schaut Winnie unsicher an. „Kannst du denn etwas singen?", fragt sie ihn. „Also", Winnie überlegt, „ich kann, ‚Alle Vögel sind schon da', ‚Im Frühtau zu Berge', ‚Das Wandern ist des Müllers Lust'…"

„Ähm, Winnie, du weißt aber schon, dass Weihnachten ist, oder?", fragt Lilly skeptisch. Winnie überlegt. Kennst du ein Weihnachtslied?", fragt er den Mann. „Meine Frau und meine Kinder mochten gerne ‚Stille Nacht, Heilige Nacht'", antwortet er traurig. „Das kenne ich", freut sich Lilly. „Ich auch", sagt Winnie ebenfalls fröhlich. „Dann singen wir zusammen", schlägt Lilly vor. "Ich weiß nicht", sagt der Mann unsicher, „meint ihr wirklich?"

„Na, klar!", antworten Winnie und Lilly gemeinsam. Der Mann seufzt: „Also gut, gemeinsam."

„Stille Nacht! Heilige Nacht! Alles schläft, einsam wacht, nur das traute hochheilige Paar. Holder Knabe im lockigen Haar, Schlaf in himmlischer Ruh! Schlaf in himmlischer Ruh!"

Die drei sehen, dass sich immer mehr Leute zu ihnen gesellen. Manche von ihnen beginnen, mitzusingen.

„Stille Nacht! Heilige Nacht! Gottes Sohn, o wie lacht, lieb aus deinem göttlichen Mund, da uns schlägt die rettende Stund'. Christ, in deiner Geburt! Christ, in deiner Geburt!"

Von allen Seiten kommen die Leute herbei und gesellen sich zu ihnen. Viele von ihnen werfen

Münzen in den Pappbecher, der sich langsam füllt.

„Stille Nacht! Heilige Nacht! Die der Welt Heil gebracht, aus des Himmels goldenen Höh'n, uns der Gnaden Fülle lässt seh'n, Jesus, in Menschengestalt, Jesus, in Menschengestalt."

In der Menschenmenge sieht Lilly plötzlich eine Frau, die zu weinen beginnt. An ihren beiden Händen hält sie zwei kleine Mädchen.

„Stille Nacht! Heilige Nacht! Wo sich heute alle Macht, väterlicher Liebe ergoss und als Bruder huldvoll umschloss. Jesus, die Völker der Welt, Jesus, die Völker der Welt."

Lilly schaut den Mann an und deutet ihm, in die Menschenmenge zu blicken. Der Mann folgt Lillys Blick und erstarrt plötzlich.

„Stille Nacht! Heilige Nacht! Lange schon uns bedacht, als der Herr vom Grimme befreit, in der Väter urgrauer Zeit, aller Welt Schonung verhieß, aller Welt Schonung verhieß."

Lilly sieht, wie der Frau immer mehr Tränen die Wangen entlangrinnen. Auch der Mann fängt an, zu weinen. Lilly steht auf, geht in die Menschenmenge und reicht der Frau die Hand. Diese nimmt Lillys Hand entgegen. Gemeinsam mit den beiden Töchtern der Frau gehen sie zu dem Mann, der sich mittlerweile erhoben hat.

„Stille Nacht! Heilige Nacht! Hirten erst kundgemacht, durch der Engel Halleluja, tönt es laut von ferne und nah: Christus, der Retter, ist da! Christus, der Retter ist da!", singen sie alle zusammen.

„Henriette!"

„Friedrich!"

Winnie und Lilly schauen sich mit großen Augen an. „Was machen wir jetzt, Winnie?", fragt Lilly leise. „Ich weiß es nicht", antwortet Winnie ebenso leise zurück. „Ich glaube, wir gehen besser", schlägt Lilly vor und Winnie nickt zustimmend. Gerade als die beiden ihre Rucksäcke genommen haben und gehen wollen, werden sie von dem Mann aufgehalten. „Hey, ihr beiden, wartet mal!" Winnie und Lilly drehen sich zu dem Mann um. Dieser kniet sich zu Boden. „Ich danke euch für alles", sagt er und reicht den beiden den Pappbecher mit den Münzen. „Nein, nein, das Geld ist für dich", lehnt Lilly ab. „Genau, wir wollen das nicht haben", stimmt Winnie zu. Der Mann schaut in den Pappbecher. „Dann nehmt wenigstens eine Münze oder zwei", bittet der Mann und hält ihnen den Pappbecher entgegen. Winnie und Lilly schauen sich an. „Na gut, eine", seufzt Lilly und nimmt sich 50 Cent aus dem Becher. Nachdem Lilly die Münze aus dem Becher genommen hat, hält der Mann Winnie den Becher hin und fordert ihn auf: „Du auch, kleiner Kerl!" Winnie nickt und nimmt sich ebenfalls eine 50 Cent Münze. Beide bedanken sich artig. Der Mann schaut sie traurig an. „Ihr seid so lieb. Wie kann ich euch nur jemals danken?" Lilly legt ihre rechte Hand auf die Schulter des Mannes: „Bekomme das mit deiner Familie wieder hin. Familie ist wichtiger als Arbeit", sagt sie und schaut die Frau des Mannes sowie deren Kinder an. Der Mann nickt. „Ich versuche alles zu tun, was in meiner Macht steht", sagt er reumütig und nimmt Lilly in die Arme. Winnie sieht, dass Lilly zum ersten Mal nicht erstarrt, wenn sie jemand in den Arm nimmt und lächelt. Danach wendet sich der Mann Winnie zu. „Komm her, kleiner Kerl, lass dich drücken!", sagt er und streckt Winnie die Arme entgegen.

Winnie läuft in die Arme des Mannes und drückt ihn ebenfalls. „Macht es gut, ihr beiden!"

„Du auch", erwidern Winnie und Lilly und machen sich auf, ihren Weg fortzusetzen. „Vielleicht sieht man sich ja noch einmal wieder?!", ruft der Mann ihnen nach. „Ja, vielleicht", stimmen Winnie und Lilly zu.

Nachdem sie eine Weile gegangen sind, schaut Winnie Lilly an. „Du, Lilly, glaubst du, der Mann bekommt das wieder hin?", fragt er. „Ich weiß es nicht. Ich hoffe aber schon", antwortet Lilly nachdenklich. Erneut kommen sie an der Kirche vorbei, vor der sie schon einmal gestanden haben. Lilly beobachtet die Menschen, die in die Kirche gehen. Mal sind es einzelne Menschen, mal ein Pärchen und dann wieder Eltern oder Großeltern, die mit ihren Kindern oder Enkelkindern durch die schwere braune Tür verschwinden.

Winnie, der Lilly beobachtet, fragt: „Möchtest du auch hinein gehen?" Lilly reißt erschrocken die

Augen auf. „Ich???", fragt sie irritiert. „Nein, ich gehe in keine Kirche." Lilly will schon weitergehen, als sie fast von einem kleinen Mädchen umgerannt wird. Für einen kurzen Moment schaut Lilly wütend. Sie mag es nicht, wenn ihr jemand im Weg steht oder sie gar umrennt. „Freust du dich auch so auf Weihnachten?", fragt das kleine Mädchen vergnügt. „Ich? Nein, ich freue mich nicht auf Weihnachten", antwortet Lilly bestimmt. Jetzt schaut das kleine Mädchen Lilly mit großen Augen an. „Wie kann man sich den nicht auf Weihnachten freuen?", fragt sie irritiert. Nun stehen auch die Eltern des kleinen Mädchens neben ihr. Lilly schaut nervös zu Winnie. „Ich glaube, der Weihnachtsmann hat mich nicht besonders lieb", antwortet Lilly leise. Das kleine Mädchen schüttelt den Kopf: „Nein, das glaube ich nicht. Der Weihnachtsmann hat alle Menschen lieb." Sie überlegt kurz. „Man muss nur selber auch lieb sein, stimmt's, Mama?!" Die Mutter nickt und streichelt ihrer Tochter über den Kopf. „Das stimmt, Kleines", antwortet sie liebevoll. Nach einem kurzen Moment des Schweigens schaut Lilly die Eltern des kleinen Mädchens an und räuspert sich: „Also, ja, wir müssen dann jetzt auch mal wieder los", sagt sie unsicher. „Wo geht ihr denn hin?", möchte das kleine Mädchen wissen. „Weißt du, mein Freund Winnie wollte gerade mit mir in die Kirche gehen… Da gehen wir jetzt hin."

„Oh, toll, die Kirche ist schön. Da waren wir heute auch schon", freut sich das kleine Mädchen.

„Ja, Kirchen sind schön", antwortet Lilly gezwungen und versucht dabei zu lächeln. „Na, dann, Lilly, gehen wir!", freut sich Winnie. „Alles klar!", stimmt Lilly zu und verabschiedet sich schnell von dem kleinen Mädchen und deren Eltern. Zusammen mit Winnie geht sie Richtung Kirche. Vor der schweren braunen Tür angekommen, will sie sich umdrehen und wieder gehen. „Das würde ich nicht machen", lacht Winnie. „Wieso nicht?", fragt Lilly irritiert. „Schau mal, wer dir da winkt", lacht Winnie immer noch. Jetzt erst sieht Lilly das kleine Mädchen. „Oh, ist man vor ihr denn gar nicht sicher?", fragt sie genervt. „Schöne Weihnachten, kleines Mädchen!", ruft Lilly und winkt ebenfalls. Dann dreht sie sich um und geht zielstrebig in die Kirche.

Im Inneren angekommen bleibt sie unsicher stehen. Winnie, der schon voller Freude ein paar Schritte weitergelaufen ist, dreht sich um, als er sieht, dass Lilly nicht mehr neben ihm steht. Er läuft zurück. „Ähm, warum bleibst du denn stehen, Lilly?", möchte er wissen. „Ich mag

Kirchen nicht", flüstert sie leise. Winnie schaut sie irritiert an. „Warum denn nicht? Die sind doch so schön!" Lilly antwortet nicht. Winnie überlegt. „Was hältst du davon, wenn wir eine Kerze für den obdachlosen Mann anzünden?", fragt er fröhlich. „Wieso? Er ist doch nicht tot", antwortet Lilly überrascht. „Man zündet doch nicht nur Kerzen an, wenn man tot ist, Lilly", versucht Winnie zu erklären. „Ja, und was bringt das dann?", möchte Lilly wissen. „Na, man kann aus vielen Gründen eine Kerze anzünden, zum Beispiel, wenn man an jemanden denkt, wenn man jemandem etwas Gutes wünscht, wenn man krank ist oder wenn man eine schwere Prüfung hat, für die man um Hilfe bittet", erklärt Winnie. Lilly schaut Winnie fragend an: „Schön, jetzt weiß ich aber immer noch nicht, was das bringen soll", sagt Lilly sarkastisch. „Es ist einfach etwas Schönes und man fühlt sich gut damit", versucht Winnie weiter zu erklären. Lilly schaut zu den

Menschen, die gerade ebenfalls eine Kerze angezündet haben. „Aber die Kerzen kosten Geld. Guck mal, die Menschen legen alle Geld in den Korb! Wir haben doch nichts", seufzt Lilly. Winnie lächelt und steckt seine kleine Hand in seinen Mantel. „Schau mal, was wir noch haben!", freut er sich und zeigt Lilly die 50 Cent Münze. „Oh, ja, stimmt", freut sich Lilly jetzt ebenfalls und holt auch ihre 50 Cent Münze aus ihrem Mantel. „Komm!", fordert Winnie Lilly auf und läuft Richtung Kerzen.

Lilly seufzt erneut und folgt Winnie dann zögerlich, als sie sieht, dass er es ernst meint. Vor den Kerzen angekommen, legen beide ihre 50 Cent Münzen in den Korb und nehmen sich eine der Kerzen.

„Und jetzt?", fragt Lilly, „Ich habe kein Feuerzeug", sagt sie leise. „Ich auch nicht", antwortet Winnie. Eine Nonne, die in der ersten Reihe sitzt, bemerkt, wie die beiden ratlos vor den Kerzen stehen. Sie steht auf und geht zu ihnen hinüber. „Schon mal ein Streichholz angezündet?", fragt sie liebevoll und hält Winnie und Lilly ein Streichholzschächtelchen entgegen. Winnie und Lilly erschrecken, weil sie nicht mitbekommen haben, dass sich jemand zu ihnen gesellt hat. Als Lilly sieht, dass es eine Nonne ist, erschreckt sie erneut. „So schreckhaft, mein Kind!", sagt die Nonne freundlich. Lilly überlegt krampfhaft, ob sie diese Nonne schon einmal im Waisenhaus gesehen hat, sie kann sich jedoch nicht an das Gesicht erinnern. „Ja, ich war schon als kleines Kind so schreckhaft, sagen meine

Eltern immer", lügt Lilly und schaut, um ihre Aussage zu verstärken, Richtung Ausgang, so als blicke sie zu ihren Eltern. Die Nonne blickt ebenfalls Richtung Ausgang. „Deine Eltern sind wohl draußen?!", stellt die Nonne fest, als sie sieht, dass niemand weit und breit am Ausgang ist. Winnie, der die ganze Situation beobachtet hat, versucht Lilly zu helfen. „Also, ich habe noch nie ein Streichholz angezündet", sagt er nachdenklich. „Das dürfen immer nur die großen Elfen machen", ergänzt er traurig. „Na, wenn das so ist, dann will ich es dir mal zeigen, kleiner Kerl", sagt die Nonne liebevoll und nimmt ein Streichholz aus dem Schächtelchen. „Schau, so geht das!", sagt die Nonne und entzündet das Streichholz. Nachdem sie das Feuer ausgepustet hat, reicht sie Winnie das Schächtelchen. „Bitte, versuche es!", fordert sie Winnie auf. Vorsichtig nimmt Winnie ein Streichholz heraus und versucht es anzuzünden, was ihm auch nach dem zweiten Mal gelingt. „Oh, es klappt", freut er sich und bringt das brennende Streichholz an den Docht der Kerze, um diese anzuzünden. Nachdem er das Streichholz ausgepustet hat, schaut er die Nonne an. „Jetzt ist Lilly dran, stimmts?!", sagt er fröhlich. „Aber natürlich", antwortet die Nonne ebenfalls fröhlich und wendet sich an Lilly. „Hier, mein Kind!", sagt sie und reicht Lilly das Schächtelchen. Lilly sieht, dass die Nonne sie nicht aus den Augen lässt. *„Ob sie irgendetwas ahnt?"*, fragt sie sich unsicher. Gelassen versucht Lilly das Schächtelchen entgegenzunehmen. „Vielen Dank!", sagt sie leise. Nachdem auch Lilly ihre Kerze angezündet hat, schaut die Nonne sie an. „Möchtet ihr euch noch ein wenig zu mir setzen?", fragt sie nach. „Ich glaube, meine Eltern warten schon auf uns", lügt Lilly erneut. Die Nonne nickt. „Natürlich! Dann will ich euch mal nicht aufhalten", sagt sie und schaut Lilly in die Augen. Hilfesuchend wendet

Lilly ihren Blick Winnie zu. Dieser zuckt mit den Achseln. Lilly schaut Richtung Ausgang, dann wieder zu den Kerzen. „Ok! Ich habe keine Eltern! Meine Eltern haben mich abgegeben, weil sie mich nicht haben wollten. Ich bin ein Waisenkind. Einfach ein böses Waisenkind, was keiner haben will! Und ich bin aus dem Waisenhaus abgehauen und will auch nie wieder dahin zurück. Zufrieden?!", sprudelt es aus Lilly heraus. Ohne auf eine Antwort zu warten, schaut sie Winnie an und sagt: „Komm, Winnie, wir gehen!" Winnie schaut ratlos zwischen Lilly und der Nonne hin und her. Gerade als er loslaufen will, weil Lilly schon in der Mitte des Ganges angekommen ist, bleibt sie stehen. „Was hat sie?", fragt Winnie irritiert, „Sie bleibt sonst nie stehen", ergänzt er. Die Nonne lächelt ihn an. Ohne etwas zu sagen, kommt Lilly zurück und setzt sich auf die Bank in der ersten Reihe. Traurig blickt sie zu den Kerzen und dann zu Boden. Winnie läuft zu ihr und setzt sich neben sie. „Bist du traurig, Lilly?", fragt er unsicher. „Ich weiß nicht, ich glaube schon", antwortet Lilly leise. Nun setzt sich auch die Nonne neben Lilly. „Möchtest du darüber reden, mein Kind?", fragt sie fürsorglich. Lilly hält ihre Hände vor das Gesicht und fängt an zu weinen. Minuten des Schweigens vergehen. Plötzlich beginnt sie, zu erzählen. „Ich will eigentlich gar nicht böse sein und ich mache das auch nicht mit Absicht. Da ist nur…", sie zögert kurz, fährt dann aber fort, „da ist so eine Wut in meinem Bauch. Die muss irgendwie raus."

„Warum bist du wütend, mein Kind?", fragt die Nonne erneut fürsorglich. „Weil mich keiner mag. Meine Eltern haben mich einfach abgegeben, als ich noch ein kleines Baby war. Ich war doch erst vier Monate alt. Was kann man mit vier Monaten schon so böses machen, dass man in ein Waisenhaus gegeben wird? Ich konnte doch nicht einmal sprechen, um etwas Böses zu sagen und ich konnte doch auch nicht krabbeln oder laufen, um etwas kaputt zu machen. Ich habe auch niemanden gehauen. Warum musste ich also ins Waisenhaus gehen?", fragt Lilly unter Tränen. Winnie, der schweigend zugehört hat, beginnt ebenfalls leise zu weinen. „Hast du denn mal im Waisenhaus nachgefragt, warum du da bist?", fragt die Nonne nachdenklich. „Nein", antwortet Lilly knapp. „Warum hast du das nicht gemacht?" Lilly wischt sich die Tränen aus den Augen. „Weil ich nicht hören will, dass ich im Waisenhaus bin, weil ich böse zu meinen Eltern war und sie mich deswegen nicht haben wollten", antwortet Lilly traurig. Die Nonne überlegt. „Weißt du, mein Kind, ich glaube, du solltest mal nachfragen." Lilly schüttelt den Kopf: „Nein, ich will es wirklich nicht hören", sagt sie entschlossen. „Aber was ist, wenn es dafür einen ganz anderen Grund gibt, warum du im Waisenhaus bist?", versucht es die Nonne weiter. „Was sollte es denn da für einen Grund geben? Meine Eltern mögen mich nicht und wollen mich auch niemals wiedersehen. Deswegen holen sie mich auch nie zu Weihnachten ab, um mit ihnen zuhause zu feiern, wie es die anderen Kinder mit ihren Eltern dürfen." Winnie, der weiterhin aufmerksam zugehört hat, versteht plötzlich, was mit Lilly los ist. „Warte mal, Lilly, du magst also Weihnachten nur nicht, weil du an deine Eltern erinnert wirst, die dich zu Weihnachten nicht aus dem Waisenhaus holen und die anderen Kinder zu Weihnachten nach Hause zu ihren Eltern dürfen?", fragt er erstaunt nach. Lilly nickt und weint erneut. „Ja, ich finde es gemein, dass die anderen Kinder nach Hause zu ihren Eltern dürfen und ich alleine im Waisenhaus bleiben muss. Ich möchte doch Weihnachten nicht immer im Waisenhaus sein. Ich möchte auch nach Hause zu meinem Eltern, die mich lieb haben", erklärt Lilly traurig. „Aber da ist keiner, der mich lieb hat.

Keiner holt mich an Weihnachten nach Hause. Ich bin immer alleine." Winnie schluckt, dass das der Grund ist, warum Lilly Weihnachten nicht mag, hätte er niemals gedacht. *Ich muss Lilly irgendwie helfen*", denkt er sich. „Also ich finde, der Pinguin…", Winnie blickt zur Nonne, „oh, Entschuldigung", sagt er leise, „also ich finde, die Nonne hat Recht, du solltest fragen, warum du im Waisenhaus bist", stimmt er zu. „Und was soll das bringen?", fragt Lilly trotzig. „Es wird dir die Wahrheit bringen, mein Kind!", erklärt die Nonne sanft. Zum ersten Mal schaut Lilly der Nonne direkt in die Augen. „Was soll das heißen?", möchte sie wissen. „Gehe zurück, mein Kind und versuche, die Antwort zu finden", antwortet die Nonne und erhebt sich von der Bank. Bevor sie geht, legt sie Lilly ihre rechte Hand auf die Schulter. „Ich wünsche dir alles Gute und alle Kraft der Welt, mein Kind! Du wirst dich richtig entscheiden, davon bin ich überzeugt!" Auch

Winnie legt die Nonne ihre rechte Hand auf seine Schulter. „Auch dir alles Gute, kleiner Kerl. Du hast eine große Aufgabe und du meisterst sie wundervoll!", sagt die Nonne und entfernt sich von den beiden. Winnie und Lilly schauen der Nonne nach.

Nachdem die Nonne durch die schwere braune Tür verschwunden ist, schaut Winnie Lilly ungläubig an. „Ist das jetzt wirklich alles passiert und ist sie wirklich gegangen?", fragt er nach. „Ja, das ist wohl so", antwortet Lilly nachdenklich. Beide schauen schweigend zu den Kerzen.

Nachdem sie noch ein paar Minuten still auf der Bank gesessen sind, schaut Winnie Lilly erneut an. „Was machen wir denn jetzt, Lilly?", möchte Winnie wissen. Lilly überlegt. „Ich… also… vielleicht… ich glaube, wir sollten zurück ins

Waisenhaus gehen", antwortet sie leise und senkt den Blick zu Boden.

Winnie schaut sie fragend an. „Bist du dir sicher?" Lilly nickt. „Ja, ich glaube schon." Winnie nickt ebenfalls. „Dann lass uns gehen!", fordert er Lilly auf und erhebt sich von der Bank. Auch Lilly erhebt sich und gemeinsam gehen sie Richtung Ausgang. Bevor sie nach draußen gehen, dreht Lilly sich noch einmal um. „Du hast Recht, Winnie, Kirchen sind schön", sagt sie leise. Winnie lächelt.

Nachdem sie die Kirche verlassen haben, ist es schon dämmrig geworden. Winnie und Lilly laufen eine Weile schweigend nebeneinander her. „Du, Winnie, warum bist du eigentlich nicht so, wie die anderen Weihnachtselfen? Und was hat es mit den Blumen und den Strandbildern auf sich?", fragt Lilly vorsichtig nach. „Ach, das ist eigentlich ganz einfach", antwortet Winnie, „ich mag halt den Frühling so gerne. Ich finde es schön, wenn die ersten Blumen kommen und alles so schön strahlt. Ich mag es, wenn es bunt ist. Du kennst das doch bestimmt, oder?", fragt Winnie verträumt. Lilly nickt. „Ja, klar", stimmt sie zu, „das ist auch schön. Aber, warum der Strand?", möchte sie wissen. „Ach weißt du, es gibt ja auch Weihnachten, wo Strände sind. Und ich habe irgendwann mal ein Buch über die schönsten Strände gesehen und da war wirklich ein sooo wunderschöner Strand. Ich habe mich so in ihn verliebt!", schwärmt Winnie. „In einen Strand verliebt? Echt jetzt?", fragt Lilly ungläubig nach. „Ja, wirklich! Du kannst dir gar nicht vorstellen, wie das in dem Buch aussah. Und, na ja, seit diesem Zeitpunkt male ich den Strand immer nach", erklärt Winnie. „Hm", Lilly überlegt, „bist du denn schon einmal da gewesen und vor allem, wo ist der Strand überhaupt?", möchte Lilly wissen. „Malediven!", antwortet Winnie verträumt und schaut dabei wirklich verliebt aus. „Male… was???", fragt Lilly irritiert. „Malediven", wiederholt Winnie. „Hast du das noch nie gehört?", möchte er wissen. Lilly schüttelt den Kopf. „Nein, ehrlich gesagt, nicht", antwortet sie entschuldigend. „Das ist nicht schlimm. Vielleicht kann ich dir ja eines Tages das Buch mal zeigen?!", überlegt Winnie. „Das wäre schön", stimmt Lilly zu. „Bist du schon einmal da gewesen?", wiederholt Lilly ihre Frage. Winnie schüttelt den Kopf. „Leider nicht, da dürfen nur andere Weihnachtselfen hin", antwortet er traurig. „Warum denn das?", möchte Lilly wissen. Winnie zuckt mit den Schultern und hebt dabei seine kleinen Hände etwas nach oben. „Ich weiß es nicht, ich glaube, der Weihnachtsmann traut es mir nicht zu, weil ich noch zu klein bin." In dem Moment fängt Lilly an zu lachen. „Entschuldige, Winnie, aber wenn der Weihnachtsmann dich wirklich deswegen nicht zu deinem Strand schickt, dann ist er nicht besonders schlau!", sagt sie bestimmt. Winnie reißt irritiert die Augen auf. „Wieso das nicht?", möchte er wissen. „Hallo??? Der Weihnachtsmann schickt dich ganz alleine hier her, damit du bei mir bist, aber nicht zu deinem Strand, weil du vielleicht noch zu klein dafür bist?! Ganz ehrlich, ich hätte auch viel schlimmer sein können, als jede Gefahr am Strand", versucht Lilly zu erklären. Winnie

überlegt. „So habe ich es noch gar nicht gesehen",
antwortet er. „Weißt du, du solltest ihn fragen,
warum du bisher nicht an deinen Strand durftest",
schlägt Lilly vor. „Ich weiß nicht, was ist, wenn
der Weihnachtsmann wütend wird, wegen dieser
Frage?", fragt Winnie unsicher nach. „Ja, und was
ist, wenn ich frage, warum ich im Waisenhaus bin
und Schwester Maria mir sagt, dass ich ein böses
Baby gewesen bin und meine Eltern mich nicht
haben wollten?", antwortet Lilly trotzig. „Ist ja
schon gut, hast gewonnen", seufzt Winnie. „Ich
frage nach."

„Geht doch", freut sich Lilly. „Und, was ist mit
dir?", fragt Winnie und grinst Lilly an. „Ich weiß
nicht, was du meinst", stellt Lilly sich dumm.
„Schon klar!", lacht Winnie, ohne Lilly dabei aus
den Augen zu lassen. „Ist ja gut, ich denke
darüber nach, ok?!", sagt Lilly gespielt genervt.
„Geht doch", wiederholt Winnie nun Lillys
Worte. Beide schauen sich an und müssen lachen.

Nach 15 Minuten stehen sie vor dem großen Backsteingebäude. Unsicher schaut Lilly Winnie an. „Meinst du, Schwester Maria ist jetzt sehr böse?", fragt sie ihn ein wenig ängstlich. Winnie überlegt. „Man darf nicht abhauen... Andererseits haben wir nichts kaputt gemacht, waren nicht böse und sind von alleine wieder zurückgekommen. So schlimm kann es nicht sein, oder?!", antwortet er unsicher. „Ich habe die Weckmänner geklaut", erinnert Lilly Winnie. „Ja, das stimmt, aber wir haben sie auch wieder zurück gebracht." Lilli seufzt: „Läute du die Glocke, Winnie, ich traue mich nicht", bittet sie ihn. Winnie guckt Lilly an, streckt seinen linken Arm aus und greift mit seiner kleinen Hand nach dem Seil. „Ich mache es jetzt, ok?!", sagt er entschlossen. Lilly nickt. Winnie bewegt das Seil

hin und her und bringt die Glocke damit zum Läuten.

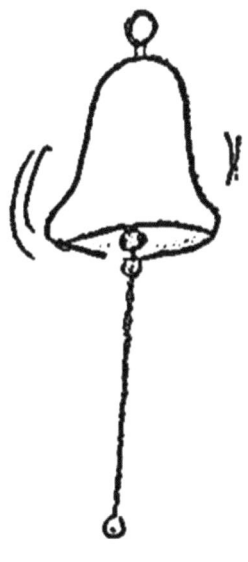

Bereits nach dem zweiten Läuten öffnet sich die Tür und Schwester Maria steht vor ihnen. „Tut mir leid, tut mir wirklich leid, ich gehe auf mein Zimmer", entschuldigt sich Lilly und rennt an Schwester Maria vorbei. Winnie bleibt zurück. Unsicher schaut er Schwester Maria an. „Hallo, Winnie, schön, dass ihr wieder da seid", sagt

Schwester Maria freundlich und schaut Winnie mit einem Lächeln an. „Aber… aber… bist du denn gar nicht böse?", fragt Winnie erstaunt. Schwester Maria lacht und legt ihre rechte Hand auf seine Schulter. „Nein, bin ich nicht, im Gegenteil. Ich bin sehr froh, dass ihr beide von alleine zurück gekommen seid", antwortet sie. „Das verstehe ich jetzt aber nicht", sagt Winnie irritiert. „Komm mit, ich erkläre es dir!", fordert Schwester Maria Winnie auf. Gemeinsam gehen sie zu Winnies Zimmer.

„Geh schon einmal hinein und wärm dich etwas auf. Es ist sehr kalt da draußen. Ich bin gleich wieder zurück", sagt Schwester Maria fürsorglich und geht den Flur weiter entlang. „Das ist jetzt aber komisch", sagt Winnie leise zu sich selbst und geht in sein Zimmer. Dort wäscht er seine Hände und sein Gesicht, legt seine Kleidung ab und zieht etwas Warmes und Kuscheliges an.

Anschließend setzt er sich mit einer Wolldecke und einem Kissen in den Sessel am Fenster. Kurz darauf klopft es an der Tür und Schwester Maria kommt herein. In der Hand hat sie ein Tablett. Darauf befinden sich ein paar Scheiben Brot, etwas Wurst und Käse sowie Margarine, Marmelade und Schokocreme. Ein großes Glas Milch sowie zwei Mandarinen hat Schwester Maria ebenfalls mitgebracht. „Du hast bestimmt Hunger, nach dem langen Tag?!", sagt sie und lächelt Winnie freundlich an. „Darf ich denn jetzt noch etwas essen?", fragt Winnie überrascht. „Ja, aber warum denn nicht?", fragt Schwester Maria ebenfalls überrascht. „Na ja, weil wir von hier weggelaufen sind und nicht Bescheid gesagt haben. Normalerweise muss man doch dann ohne essen ins Bett, wenn man etwas Unrechtes getan hat", erklärt Winnie. Schwester Maria lacht: „Aber, das ist doch kein Gefängnis hier und wir sind auch nicht im Mittelalter. Essen und Trinken muss jeder, egal, was er angestellt hat." Dankend nimmt Winnie das Tablett entgegen. „Bekommt Lilly denn auch etwas zu essen und zu trinken", fragt er vorsichtig nach. „Natürlich", antwortet Schwester Maria und streichelt Winnie über den Kopf. „Ich bringe ihr jetzt auch etwas. Lass es dir schmecken und wir sehen uns später noch einmal", sagt sie und verlässt das Zimmer. Winnie seufzt erleichtert und beginnt zu essen.

Mit einem Tablett geht Schwester Maria nun auch zu Lillys Zimmer. Sie klopft viermal an die Türe. Als Lilly nicht antwortet, geht Schwester Maria ins Zimmer hinein. Anders als gewohnt, liegt Lilly nicht mit ihren Schuhen und Kopfhörern auf dem Bett. Stattdessen hat sie sich tief in ihre Decke verkrochen und den Rücken zur Tür gedreht. Als

Schwester Maria näher kommt, hört sie, dass Lilly weint. Vorsichtig stellt sie das Tablett auf den Tisch am Fenster und geht zu Lilly.

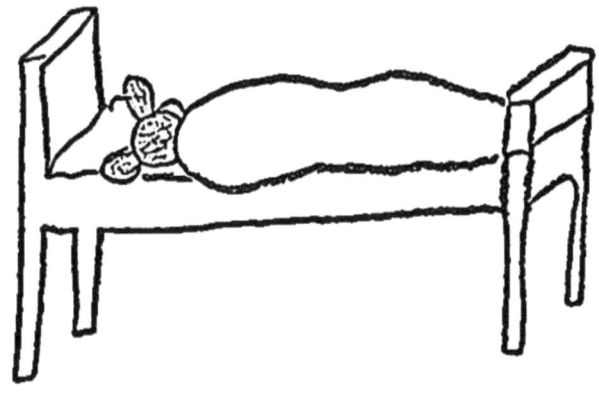

„Lilly, mein Kind, warum weinst du denn?", fragt Schwester Maria liebevoll. Lilly antwortet nicht und beginnt stattdessen lauter an, zu weinen. Schwester Maria setzt sich neben sie und streichelt ihr über den Kopf. „Was ist denn los, mein Kind?", versucht es Schwester Maria erneut. Mit einem Mal kann Lilly ihre Gefühle nicht mehr zurück halten. Sie erzählt Schwester Maria all ihre

Ängste und Sorgen. Sie sagt, warum sie immer so böse ist, obwohl sie das eigentlich gar nicht will. Schwester Maria hört aufmerksam zu. Als Lilly fertig ist, schaut sie sie gerührt an. „Aber, mein Kind, warum hast du mir das denn nicht alles eher erzählt? Es wäre dir so viel Leid erspart geblieben", sagt Schwester Maria liebevoll. „Ich wollte nicht hören, dass ich ein böses Kind bin, dass von seinen Eltern nicht gemocht wird, sodass sie es nicht einmal zu Weihnachten sehen wollen", sagt Lilly leise. „Aber, Lilly, so ist es doch gar nicht!", sagt Schwester Maria überrascht. „Nicht?", fragt Lilly jetzt ebenfalls überrascht. „Ach, Kind, wenn ich das doch nur geahnt hätte. Ich hätte es dir doch viel früher erzählt", sagt Schwester Maria traurig. Lilly schaut Schwester Maria an. „Was denn erzählt?", möchte sie wissen. Schwester Maria versucht nach den richtigen Worten zu finden. „Weißt du, Lilly", beginnt sie zögerlich, „deine Eltern haben dich nicht abgegeben, weil du böse warst…" Lilly hört gespannt zu. „Deine Eltern hatten einen schweren Autounfall, als du vier Monate alt warst. Dein Vater ist noch sofort am Unfallort verstorben, deine Mutter zwei Stunden später im Krankenhaus. Du bist auch im Auto gewesen, warst aber unverletzt. Trotzdem bist du zur Beobachtung ins Kinderkrankenhaus gekommen. Eine Woche später bist du dann hierher gekommen, weil es keine Verwandten mehr von dir gab, die dich hätten nehmen können. Deine Großeltern waren ebenfalls schon verstorben und deine Eltern hatten keine Geschwister", erzählt Schwester Maria traurig. Lilly atmet dreimal tief ein und aus. „Ich glaube, ich bekomme keine Luft mehr", sagt sie dann und springt auf. In ihrem Schlafanzug und barfuß rennt sie aus ihrem Zimmer. „Lilly, warte! Wo willst du denn hin?", ruft Schwester Maria Lilly nach. Aber Lilly kann sie schon nicht mehr hören. So schnell sie kann, rennt sie zu Winnies Zimmer.

Ohne zu Klopfen reißt sie die Türe auf und wirft sich auf sein Bett. Dort beginnt sie laut zu weinen. Winnie, der gerade in seine zweite Scheibe Brot beißen wollte, schaut sie mit großen Augen an. Sofort legt er das Brot auf den Teller, läuft zu Lilly und setzt sich neben sie. „Was ist denn los, Lilly?", fragt er besorgt nach. „Hast du doch Ärger bekommen?", möchte er wissen. Aber Lilly antwortet nicht. Hilflos dreht sich Winnie zu Schwester Maria, die gerade ins Zimmer gelaufen kommt. Mit einem Seufzer bleibt sie vor dem Bett stehen. Unsicher schaut Winnie zu Lilly und dann wieder zu Schwester Maria. „Was hat sie denn?", möchte er von ihr wissen. „Lilly hat gerade etwas erfahren, was sie ziemlich traurig gemacht hat", versucht Schwester Maria zu erklären. „Und was ist das?", fragt Winnie immer noch irritiert. „Ich weiß nicht, ob Lilly möchte, dass ich darüber rede", sagt Schwester Maria unsicher. „Winnie darf es wissen, Winnie ist mein Freund", sagt Lilly plötzlich. „Bist du dir sicher, Lilly?", vergewissert sich Schwester Maria. „Ja", antwortet Lilly nun leise und beginnt wieder zu weinen. „In Ordnung", sagt Schwester Maria und erzählt Winnie die Geschichte. Winnie hört aufmerksam zu. Als Schwester Maria fertig ist, schaut Winnie Lilly an und schaut dann wieder zurück zu Schwester Maria. Unsicher, was er sagen soll, senkt er seinen Blick zu Boden. „Möchtet ihr darüber reden?", fragt Schwester Maria liebevoll. Winnie und Lilly antworten nicht. Schwester Maria geht hinaus und kommt kurz darauf mit Lillys Tablett zurück. „Vielleicht möchtet ihr zusammen essen", sagt sie und stellt das Tablett neben Winnies Tablett auf den Tisch. Als die beiden immer noch nicht antworten, schaut sie zu ihnen hinüber. „Wenn ihr reden möchtet, oder etwas braucht, dann kommt ihr zu mir, ok?!" Winnie nickt und schaut sie traurig an. Schwester Maria seufzt und verlässt dann leise das Zimmer.

„Möchtest du eine Scheibe Brot mit Schokocreme essen?", fragt Winnie nach ein paar Minuten des Schweigens. „Ich kann das ganz gut", sagt er und versucht dabei fröhlich zu klingen. „Ich mag nichts essen", antwortet Lilly traurig. Winnie überlegt kurz. „Ich mache dir trotzdem eins. Wenn du später Hunger hast, dann ist es schon fertig", sagt er und hüpft vom Bett. Am Tisch angekommen, bemalt er Lillys Scheibe Brot mit dem schönsten Schokocremefußball, den er je gesehen hat. Als er damit fertig ist, schält er die beiden Mandarinen und legt damit eine große Sonne auf dem Tablett zurecht. Die Sonne schmückt er ebenfalls mit Schokocreme.

Anschließend setzt er sich auf den Sessel und schaut zufrieden auf sein Kunstwerk.

Lilly die Winnie aufmerksam beobachtet hat, schaut ihn an. „Was hast du da gemacht?", fragt sie ihn und wischt sich die dicken Tränen aus den Augen. Ich habe dir dein Essen für später gemacht", sagt er fröhlich. Lilly schaut zum Tisch. „Hast du schon etwas gegessen?", fragt sie ihn. „Ja, ich habe schon eine Scheibe Brot gegessen", antwortet Winnie. „Und hast du noch Hunger?", fragt Lilly weiter. „Ja, habe ich. Ich werde aber warten, bis du Hunger hast. Zusammen essen macht viel mehr Spaß", antwortet Winnie überzeugt. Lilli seufzt, schaut dann zum Tisch und wieder zurück zu Winnie. „Na, gut, ich habe doch Hunger", sagt sie leise, steht auf und geht zum Tisch. Als ihr Blick auf Winnies Kunstwerk fällt, muss sie lächeln. „Du hast mir ja ein Fußballbrot und eine Sonne gemacht", stellt sie fest. „Ja, extra für dich", sagt Winnie fröhlich. „Danke!", antwortet Lilly und setzt sich zu Winnie an den Tisch. Gemeinsam nehmen sie ihr Abendessen zu sich. Währenddessen haben sie sich viel zu erzählen.

Nach dem Abendessen schaut Winnie Lilly an und sagt: „Siehst du, Lilly, ich habe dir doch gesagt, dass du nicht böse bist!" Nachdenklich aber zufrieden schauen Winnie und Lilly aus dem Fester.

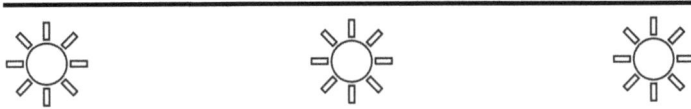

Am nächsten Morgen werden Winnie und Lilly durch ein Klopfen an der Türe geweckt. Schwester Maria kommt herein und lacht: „So, ihr beiden Schlafmützen, aufstehen, heute ist ein schöner Tag!", sagt sie und zieht die Vorhänge auf. Winnie und Lilly hatten in der Nacht heimlich Lillys Matratze und ihr Bettzeug in Winnies Zimmer getragen. Schwester Maria hat dies zwar gesehen und, obwohl Jungen und Mädchen strikt getrennt schlafen müssen, nichts dazu gesagt. Sie hat erkannt, dass Winnie und Lilly eine enge Verbindung miteinander eingegangen sind und sich gegenseitig guttun und unterstützen. Und nachdem, was Lilly gestern erfahren hat, erschien es ihr sinnvoller, dass Lilly die Nacht nicht alleine ist. „Hopp, hopp, fertig machen, ihr kleinen Strolche und dann gewaschen und gekämmt zum Frühstück kommen. Die anderen warten schon auf euch." Schwester Maria zieht beiden die Decke weg und lacht. Anschließend verlässt sie das Zimmer.

Zehn Minuten später stehen Winnie und Lilly fein säuberlich gekämmt und angezogen im Frühstücksraum.

Lillys Blick fällt auf ihren Platz, der leer ist. Auch Winnies Gedeck steht nicht dort wie sonst. „Wo sollen wir denn sitzen?", fragt Lilly leise. „Ich dachte, ihr möchtet vielleicht bei uns am großen Tisch sitzen", sagt Schwester Maria und deutet auf die beiden freien und gedeckten Plätze. „Wir dürfen wirklich mit am Tisch sitzen?", fragt Lilly überrascht. „Es sei denn, ihr möchtet nicht?", fragt Schwester Maria zurück. „Oh, doch, gerne", antwortet Lilly und schaut Winnie an. „Du möchtest doch auch, oder, Winnie?!" Winnie nickt. „Ja, das wird lustig", sagt er vergnügt.

Winnie und Lilly nehmen ihre Plätze ein und kurz darauf beginnen alle zu essen.

Später beim Abräumen hilft Lilly sogar mit, ohne dazu aufgefordert zu werden. Auch Winnie trägt sein Geschirr zum Geschirrwagen und räumt Wurst und Käse in den Kühlschrank. Als Winnie kurz außer Hörweite ist, schaut Lilly Schwester Maria an. „Kannst du gleich mal bitte auf mein Zimmer kommen?", fragt sie leise. „Natürlich, mein Kind, ist etwas passiert?", fragt Schwester Maria besorgt nach. „Nein, nein, alles in Ordnung", antwortet Lilly, „es geht um eine Überraschung für Winnie. Aber er darf es nicht wissen, ok?!" Schwester Maria lächelt. „In Ordnung", sagt sie und nickt. Als Winnie wieder herein kommt, nimmt sich Lilly schnell drei Marmeladengläser und trägt sie ebenfalls zum Kühlschrank. Winnie, der Lilly beobachtet hat, läuft schnell zu Schwester Maria.

„Schwester Maria, kannst du gleich bitte mal auf mein Zimmer kommen?", fragt er sie nun auch. „Natürlich, Winnie, ist etwas passiert?", fragt Schwester Maria. „Nein, nein, alles in Ordnung", antwortet Winnie wie Lilly zuvor, „es geht um eine Überraschung für Lilly. Aber sie darf es nicht wissen, ok?!" Schwester Maria lächelt erneut. „In Ordnung", antwortet sie und versucht ihre Fröhlichkeit nicht zu sehr zu zeigen, damit keiner der beiden etwas merkt.

Winnie und Lilly nutzen eine Notlüge und sagen sich gegenseitig, dass sie noch etwas müde vom gestrigen Tag sind und sich etwas hinlegen wollen. Nachdem sie Lillys Matratze und ihr Bettzeug wieder auf ihr Zimmer getragen haben, verabreden sie sich für den späten Nachmittag und gehen jeweils auf ihre Zimmer.

Weil Winnies Zimmer zuerst auf dem Gang liegt, entscheidet sich Schwester Maria zuerst zu ihm zu gehen. Nachdem sie geklopft hat, betritt sie das Zimmer. Winnie hat sie bereits ungeduldig erwartet. „Oh, Schwester Maria, da bist du ja endlich. Ich brauche dringend deine Hilfe", empfängt er sie fröhlich. „Wie kann ich dir helfen, kleines Kerlchen?", fragt Schwester Maria ebenfalls fröhlich. „Pass auf, normalerweise schenkt ja der Weihnachtsmann den Kindern etwas zu Weihnachten. Aber ich habe mir überlegt, dass ich Lilly auch etwas zu Weihnachten schenken möchte. Ich möchte ihr Torwarthandschuhe und ein neues Fußballbuch kaufen", erklärt Winnie aufgeregt. „Torwarthandschuhe und Fußballbuch?", fragt Schwester Maria irritiert. „Ja, weil Lilly doch Fußball so mag und mit den Jungs so toll Fußball gespielt hat." Winnie überschlägt sich fast beim Reden vor lauter Aufregung. Schwester Maria überlegt. „Magst du mir das kurz genauer erklären? Ich kann dir nämlich gar nicht folgen", bittet sie ihn. Schnell erzählt Winnie, was sie auf dem Fußballplatz erlebt haben. Nachdem Winnie fertig ist, schaut Schwester Maria Winnie an. „Ich wusste gar nicht, dass Lilly Fußball so gerne hat", sagt sie überrascht, „aber ich will dir helfen. Was genau kann ich dafür tun?", möchte sie wissen.

„Ich muss wissen, wie man Geld verdienen kann, damit ich Lilly etwas kaufen kann."

„Das ist sehr kompliziert. Ich glaube, es ist einfacher, wenn ich dir das Geld gebe und du davon etwas kaufst", schlägt Schwester Maria vor. Aber Winnie schüttelt den Kopf: „Nein, nein, ich möchte selber etwas verdienen." Er überlegt. „Meinst du, ich sollte etwas in der Stadt singen?"

„Singen?", fragt Schwester Maria erneut überrascht. Winnie fürchtet, dass Schwester Maria ihm wieder nicht folgen kann, also erzählt er ihr schnell die Geschichte von dem Bettler. Schwester Maria überlegt. „Na, eine Möglichkeit ist das zwar schon, aber ich glaube nicht, dass das so gut funktioniert", sagt sie nachdenklich. „Hey,

so schlecht singe ich gar nicht", sagt Winnie trotzig. Schwester Maria lacht: „So war das auch gar nicht gemeint", sagt sie, „ich glaube nur nicht, dass man da so viel zusammen bekommt."
Plötzlich beginnt Winnie zu strahlen. „Oh, ich weiß was! Ich habe eine tolle Idee", ruft er und klatscht dabei vor lauter Aufregung in die Hände. „Ich muss los, Schwester Maria, ich habe es eilig." Mit diesen Worten lässt er Schwester Maria in seinem Zimmer zurück. Schnell zieht er sich seinen Mantel an und rennt zur Haustüre. Nachdem er die Türe hinter sich geschlossen hat, läuft er los, so schnell er kann.

„Dieser kleine Kerl", sagt Schwester Maria leise zu sich selbst und verlässt sein Zimmer, um zu Lilly zu gehen.

Zum ersten Mal seit langem wird sie von Lilly herein gebeten, nachdem sie geklopft hat. Nachdem Schwester Maria eingetreten ist und die Türe geschlossen hat, geht sie zu Lilly an den Tisch am Fenster. „Was malst du denn da, mein Kind?", fragt Schwester Maria interessiert. „Ich möchte das hier nähen. Kannst du mir helfen?"

„Du??? Nähen???", fragt Schwester Maria erstaunt. „Du kannst Nähen nicht ausstehen, sagst du immer."

„Ja, aber jetzt schon", antwortet Lilly. „Ok! Und was möchtest du machen?"

„Schau mal, das ist ein Kleid und dazu die passende Mütze", erklärt Lilly. „Möchtest du die Sachen Winnie schenken?", fragt Schwester Maria. „Genau. Deswegen möchte ich da Blumen drauf nähen, weil er doch Blumen so gerne mag."

145

Schwester Maria überlegt. „Da hast du dir aber eine große Aufgabe vorgenommen", stellt sie fest. „Ja, das stimmt. Aber es ist ja für Winnie. Kannst du mir bitte dabei helfen?", bittet Lilly erneut. „In Ordnung, fangen wir an", antwortet Schwester Maria. „Oh, das ist toll, danke!", freut sich Lilly.

Auf dem Weg zum Handarbeitsraum bleibt Lilly auf einmal stehen. „Es gibt ein Problem." Schwester Maria schaut Lilly an. „Wir wissen doch gar nicht, welche Größe Winnie hat"

Schwester Maria lächelt. „Das ist kein Problem. Wir leihen uns gerade ein Kleid und eine Mütze von Winnie und dann schneiden wir die Stoffe zurecht", schlägt sie vor. „Aber dann sieht Winnie das doch, er ist doch in seinem Zimmer, weil er sich etwas ausruhen wollte." Schwester Maria überlegt. *„Lilly weiß ja gar nicht, dass Winnie vorhin gegangen ist, um etwas zu besorgen."*

„Ich habe eine Idee. Ich gehe zu Winnie und sage ihm, dass ich kurz seine Hilfe brauche. Du gehst in fünf Minuten in sein Zimmer und nimmst dir schnell ein Kleid und eine Mütze. Dann gehst du in den Handarbeitsraum, nimmst dir das große Zeichenpapier und legst die Kleidung darauf. Du zeichnest die Umrisse nach und bringst die Sachen dann schnell wieder zurück in sein Zimmer. Ich versuche Winnie zehn Minuten abzulenken. Ok?!"

„Das ist ja eine prima Idee", freut sich Lilly. „Ich gehe schnell wieder in mein Zimmer zurück und bleibe fünf Minuten da. Wir treffen uns in ungefähr 20 Minuten im Handwerksraum, ok?!"

„Genauso machen wir das", bestätigt Schwester Maria.

Wie besprochen, treffen sich Lilly und Schwester Maria knapp 20 Minuten später im Handarbeitsraum. „Ich habe alle geschafft", freut sich Lilly. „Hat Winnie etwas mitbekommen?", fragt sie Schwester Maria. „Nein, hat er nicht", antwortet sie mit einem Lächeln. Zusammen machen sie sich an die Arbeit.

Zur gleichen Zeit…

„Oh, hallo, Winnie. Schön dich zu sehen", begrüßt ihn die Verkäuferin aus der Bäckerei.

„Hallo, ich freue mich auch, wieder hier zu sein",
antwortet Winnie. Die Verkäuferin schaut sich
um. „Bist du alleine hier?", fragt sie Winnie. „Ja,
Lilly weiß nicht, dass ich hier bin. Ich möchte ihr
etwas zu Weihnachten schenken und wollte dich
dazu etwas fragen", erklärt Winnie. Die
Verkäuferin lächelt Winnie an: „Das ist aber lieb
von dir. Wie kann ich dir dabei helfen?"
„Ich möchte Lilly Torwarthandschuhe und ein
Fußballbuch schenken. Dazu brauche ich aber
etwas Geld. Schwester Maria wollte mir zwar
etwas geben, aber ich möchte mir das lieber selbst
verdienen. Ich möchte für das Geld arbeiten und
deswegen wollte ich dich fragen, ob ich dir hier
helfen kann, um mir etwas Geld zu verdienen?",
erklärt Winnie. „Oh, das ist aber lieb von dir.
Aber wie kommst du auf Torwarthandschuhe und
Fußballbuch?", fragt die Verkäuferin erstaunt.
„Das ist, weil…" In diesem Moment kommt
Jonas aus der Backstube. „Winnie?! Was machst

du denn hier? Ich meine... ist Lilly auch hier, wollte ich fragen?" Schüchtern schaut sich Jonas im Verkaufsraum um. „Hallo, Jonas, das ist aber eine Überraschung, dich hier zu sehen. Nein, Lilly ist nicht hier und sie weiß auch gar nicht, dass ich hier bin", antwortet Winnie. „Ihr kennt euch?", fragt die Verkäuferin irritiert. Gerade als Jonas antworten will, wiederholt die Verkäuferin laut: „Torwarthandschuhe und ein Fußballbuch? Ist die Lilly, mit der du heute Fußball gespielt hast, deine Freundin aus dem Waisenhaus, Winnie?", fragt sie nach. „Ähm, das kann man wohl so sagen", antwortet Winnie zögerlich und verzieht dabei das Gesicht. Die Verkäuferin sieht Winnies Reaktion und fragt unsicher: „Habe ich etwas Falsches gesagt?"

Winnie schüttelt den Kopf: „Was falsches nicht."

„Aber?"

„Na ja, Lilly wollte Jonas nicht sagen, dass sie aus dem Waisenhaus ist, weil es ihr, glaube ich, peinlich ist", erklärt Winnie. „Aber warum ist es ihr denn peinlich???", fragt Jonas irritiert. Winnie denkt an das, was Lilly zu ihm gesagt hat, dass Waisenkinder voll ätzend seien und sie niemand mögen würde. Unsicher schaut Winnie zwischen Jonas und der Verkäuferin hin und her. „Ich glaube, Lilly würde es nicht mögen, wenn ich darüber rede", sagt er leise. „Das ist sehr lieb von dir, Winnie", antwortet die Verkäuferin. „Und, um auf deine ursprüngliche Frage zurück zu kommen, ich denke schon, dass ich eine Arbeit für dich habe, die du erledigen könntest", sagt sie freundlich. „Oh, das wäre ja toll! Was kann ich denn machen?", fragt Winnie erfreut. „Jonas wollte gerade draußen am Stand Weckmänner verkaufen. Wenn du möchtest, kannst du ihm dabei helfen", schlägt die Verkäuferin vor. „Das klingt toll", freut sich Winnie erneut. „Ja, das ist wirklich eine tolle Idee", stimmt Jonas zu. „Na, dann macht euch mal auf, es gibt viel zu tun", sagt die Verkäuferin fröhlich. Schon schnappen sich Winnie und Jonas den großen Korb, der bis oben mit Weckmännern gefüllt ist und gehen nach draußen zum Stand. Bereits kurz darauf bilden sich lange Schlangen vor dem Stand, sodass Winnie und Jonas alle Hände voll zu tun haben.

Nach zwei Stunden ist der letzte Weckmann verkauft, sodass die beiden Nachschub holen müssen.

Zur gleichen Zeit...

„Wenn man erst einmal weiß, wie es geht, ist es gar nicht mehr so schwer", freut sich Lilly und hält stolz das selbstgenähte Kleid in die Höhe, um es zu begutachten.

„Ja, das hast du wirklich schnell hinbekommen", freut sich Schwester Maria. „Jetzt noch die Mütze", sagt Lilly und steht schon vor dem

Stoffregal. „Ich finde, zu dem gelben Kleid passt das Hellgrün sehr gut. Ich möchte die Mütze hellgrün machen", sagt sie und zieht den hellgrünen Stoff aus dem Regal. „Ja, hellgrün gefällt mir auch sehr gut dazu", stimmt Schwester Maria zu. Lilly überträgt die Umrisse des Papieres auf den Stoff. Wie Schwester Maria ihr vorher gezeigt hat, zeichnet sie am Rand jeweils einen Zentimeter extra dazu, sodass sie den Stoff an dieser Stelle schön zusammen nähen kann, ohne dass die Mütze zu eng wird. Schwester Maria beobachtet Lilly aufmerksam und freut sich darüber, dass Lilly zum ersten Mal etwas mit Freude und von sich aus macht. *Sie muss Winnie wirklich gerne haben"*, denkt sie und hofft gleichzeitig, dass der Trennungsschmerz nicht so schlimm sein wird, wenn Winnie wieder nach Hause zum Weihnachtsmann muss.

Zur gleichen Zeit…

154

„Ich wünsche Ihnen schöne Weihnachten", sagt Winnie fröhlich und überreicht einer Dame zwei Weckmänner, die er zuvor sorgfältig in zwei Tüten gepackt hat. „Danke, das wünsche ich dir auch", sagt die Dame und verabschiedet sich. „Das kannst du echt gut", sagt Jonas, währenddessen er einen Herrn bedient. „Danke, Jonas, es macht auch wirklich sehr viel Spaß", antwortet Winnie. „Und ich mache es ja für Lilly, um ihr etwas zu schenken", ergänzt er. Jonas zögert kurz und fragt dann aber: „Du, Winnie, meinst du, Lilly kommt noch einmal zum Fußballspielen?" Winnie überlegt. „Wir müssen sie irgendwie dazu bekommen, aber wie?"

„Vielleicht kann mein Vater ja dabei helfen?!", überlegt Jonas. „Dein Vater?", fragt Winnie irritiert. „Ja, er ist doch der Fußballtrainer von unserer Mannschaft. Vielleicht kann ich mal mit ihm reden. Und mit meiner Mutter", antwortet Jonas. „Spielt deine Mutter auch Fußball?", möchte Winnie wissen. Jonas lacht: „Nein, sie backt lieber jede Menge Kuchen und Plätzchen und versorgt unsere gesamte Fußballmannschaft damit." Irritiert schaut Winnie Jonas an. „Ich fürchte, ich verstehe das nicht. Wieso backt deine Mutter so viel?" Jetzt lacht Jonas noch etwas lauter. „Aber, Winnie, warum glaubst du denn, dass ich in der Bäckerei helfen darf? Ich bin doch erst zehn, da dürfen Kinder doch eigentlich noch gar nicht arbeiten", erklärt Jonas. „Warte, heißt das, dass deine Mutter die liebe Verkäuferin aus der Bäckerei ist?"

„Genauso ist es", bestätigt Jonas. „Und dein Vater ist der Fußballtrainer deiner Mannschaft?!" Jonas nickt. „Und, arbeitet dein Vater auch in der Bäckerei?", möchte Winnie wissen. Jonas schüttelt den Kopf: „Nein, mein Vater ist

Bankkaufmann", antwortet er. „Irgendwie alles ein sehr komischer Zufall", sagt Winnie leise. „Dass mein Vater Bankkaufmann ist?", fragt Jonas irritiert. „Nein", lacht Winnie, „dass wir erst hier waren, deine Mutter kennengelernt haben, danach beim Fußballplatz waren, wo wir dich getroffen haben und nun kommt heraus, dass deiner Mutter die Bäckerei gehört und du in einer Fußballmannschaft bist, die dein Vater trainiert", erklärt Winnie. „Ach, weißt du, Winnie, vielleicht sollte alles genau so passieren", antwortet Jonas. „Ich fürchte, ich verstehe wieder nicht, was du meinst, Jonas."

„Lass mich mal machen, ich habe da so eine Idee", lacht Jonas und zwinkert Winnie zu. „Du bist aber geheimnisvoll", antwortet Winnie und lacht ebenfalls, während er den letzten Weckmann aus dem Korb an eine weitere Dame verkauft.

„Ich fürchte, wir müssen neue holen", sagt
Winnie fröhlich. „Das stimmt, du fleißiger
Helfer", antwortet Jonas ebenso vergnügt.
Gemeinsam gehen sie mit dem leeren Korb zur
Bäckerei.

Zur gleichen Zeit…

„Perfekt", sagt Lilly und zieht sich die
selbstgenähte Mütze auf den Kopf.

Freudestrahlend schaut sie Schwester Maria an. „Ich muss sagen, mein Kind, das hast du wirklich sehr schön gemacht. Winnie wird sich sicherlich sehr darüber freuen", sagt Schwester Maria überzeugt. „Ja, aber es fehlt noch etwas ganz Wichtiges, damit Winnie sich richtig darüber freuen kann", antwortet Lilly aufgeregt. Schwester Maria überlegt. „Hm, was fehlt denn noch?"

„Na, die Blumen", antwortet Lilly, „da müssen doch überall noch bunte Blumen drauf genäht werden! Das habe ich dir doch vorhin erzählt", erinnert Lilly Schwester Maria. „Ach, ja, du meinst solche, wie Winnie sie in seinem Zimmer hat, richtig?!"

„Ja, Winnie liebt doch bunte Blumen. Die müssen da auf jeden Fall drauf, sonst ist mein Geschenk doch nur halb perfekt", erklärt Lilly immer noch aufgeregt vor lauter Freude. „Gut, dann nähen wir noch Blumen für das Kleid und die Mütze", stimmt Schwester Maria zu. „Prima", antwortet Lilly und springt auf, um zum Regal zu laufen.

Dort angekommen, nimmt sie sich viele verschiedene Farben an Stoffen heraus und bringt sie alle zusammen an den Tisch. Sogleich beginnt sie eine schöne große Blume auf das Papier zu malen.

Zur gleichen Zeit…

„Deine Mutter war wohl sehr überrascht, dass wir bereits den zweiten vollen Korb mit Weckmännern verkauft haben?!", stellt Winnie fest. „Ja, ich glaube auch", lacht Jonas, „aber mit dir klappt das wirklich so gut."

„Es macht auch wirklich immer noch sehr viel Spaß", freut sich Winnie. „Ich habe mitbekommen, dass du für Lilly Torwarthandschuhe und ein Fußballbuch kaufen möchtest?!" Winnie nickt. „Ja, das stimmt. Ich möchte ihr das morgen Abend schenken."

„Also, wenn du möchtest, gehe ich gerne mit dir und helfe dir dabei", bietet Jonas an. „Wirklich??? Oh, das wäre ja toll!", antwortet Winnie und klatscht vor Freude in die Hände. „Ja, klar, wir gehen nachher einfach los und besorgen alles, was du brauchst, wenn du möchtest?"

„Ja, das möchte ich gerne. Danke, Jonas!",
antwortet Winnie.

Nach einer weiteren Stunde haben sie auch die
letzten Weckmänner aus dem Korb verkauft. „Ich
glaube, wir sind fertig für heute, Winnie. Das
waren die letzten Weckmänner, die bei meiner
Mutter in der Backstube lagen", sagt Jonas und
beginnt, alles zusammen zu räumen. „Die Zeit ist
sehr schnell vergangen", stellt Winnie fest.
„Besonders in der letzten Stunde hatten wir noch
einmal richtig viel zu tun", ergänzt er. „Ja, das
stimmt", bestätigt Jonas.
Zusammen machen sie sich auf, um in die
Bäckerei zu gehen.
„Ihr seid schon wieder zurück?", fragt Jonas
Mutter ganz überrascht. „Ja, Winnie ist echt ein
Naturtalent, was das Verkaufen angeht", sagt
Jonas. „Gebt es zu, ihr habt die Weckmänner alle
selber gegessen", sagt sie und tippt Winnie auf

seinen dünnen Bauch. Winnie muss anfangen zu lachen. „Hey, ich bin doch so kitzelig", sagt er und streckt seinen Bauch so feste raus, wie er nur kann. „Ja, guck, alle da drin", lacht er weiter. Winnie muss so doll lachen, dass er einen Schluckauf bekommt. „Wir haben wirklich keinen einzigen gegessen", sagt Jonas und überreicht seiner Mutter den Geldbeutel. „Alles hier drin", sagt er. „Na, wenn das so ist, dann setzt euch mal schnell an den Tisch. Ich bin gleich wieder da", fordert sie die beiden auf und verschwindet in der Backstube. Kurz darauf kommt sie wieder heraus. „Die habe ich extra für euch aufgehoben", sagt sie und stellt beiden jeweils einen Weckmann und eine warme Tasse Kakao mit Sahne auf den Tisch. „Jetzt wärmt euch erst einmal ein bisschen auf und stärkt euch etwas. Ihr habt nämlich bestimmt heute noch etwas vor, nicht wahr?!", sagt Jonas Mutter und lächelt die beiden wissend an. „Das stimmt, ich helfe Winnie beim

Aussuchen von Lillys Geschenken", antwortet Jonas. „Genau", stimmt Winnie zu. „Dachte ich es mir doch", antwortet Jonas Mutter und zwinkert den beiden zu.

Zur gleichen Zeit…

„Jetzt haben wir 32 Blumen gemacht. Meinst du, das reicht?", fragt Lilly und schaut das Kleid und die Mütze an. „Ich denke, wir haben sogar noch ein bisschen mehr gemacht", antwortet Schwester Maria überzeugt. Lilly nimmt die erste Blume und legt sie auf das Kleid. „Wie sollen wir sie festmachen? Nur in der Mitte, dass sich die Blumen etwas bewegen können oder sollen wir sie ganz fest nähen?", fragt sie. „Ich finde, wir sollten sie nur in der Mitte festmachen, damit sie schön locker aussehen", schlägt Schwester Maria vor. Lilly nickt. „Genauso wollte ich es auch vorschlagen", antwortet sie zufrieden. Schon beginnen Lilly und Schwester Maria die Blumen auf das Kleid und die Mütze zu nähen.

Zur gleichen Zeit…

So, wenn ihr fertig seid, dann kommt jetzt eure Bezahlung", sagt Jonas Mutter und setzt sich neben die beiden. „Hier sind für jeden von euch 60 Euro. Ihr wart so fleißig, das habt ihr euch wirklich verdient", sagt sie und legt den beiden das Geld auf den Tisch. „Oh, sooo viel Geld?!", sagt Winnie schüchtern. Er überlegt. „Ich habe noch nie etwas verdient", stellt er fest. „Hm, verdienen Elfen eigentlich Geld?", fragt Jonas nach. Winnie schüttelt den Kopf: „Nein, eigentlich nicht!", antwortet er. „Und wie kauft ihr euch dann Sachen, wenn ihr etwas braucht?", möchte Jonas wissen? „Na, eigentlich bekommen wir alles, was wir brauchen, vom Weihnachtsmann. Elfen brauchen ja auch nicht so viel. Nur etwas zu Essen und zu Trinken. Dann noch unsere Kleidung und das, was jeder für sein Hobby braucht. Weißt du, jeder Elf hat nämlich ein Hobby", erklärt Winnie. „Was ist denn dein Hobby?", fragt Jonas Mutter interessiert nach. „Ich singe gerne, liebe das Malen und Zeichnen und bastle gerne Blumen."

„Dann bist du ja sehr kreativ", stellt sie fest. „Ja, das stimmt", freut sich Winnie. Er überlegt. „Meinst du, Lilly kann Fußballspielen als Hobby haben?"

„Ja, klar, ich finde Lilly passt gut zum Fußball", kommt Jonas seiner Mutter zuvor. „Du scheinst ja wirklich begeistert zu sein, von Lillys Können?!

Eigentlich bist du doch der Meinung, dass Mädchen nicht Fußball spielen können", antwortet die Mutter und zwinkert Jonas zu. „Ach, na ja, man kann seine Meinung ja auch mal ändern. Außerdem scheint Lilly ja kein typisches Mädchen zu sein", sagt Jonas schüchtern und wird dabei rot im Gesicht. Jonas sieht, dass seine Mutter ihn mit diesem bestimmten Blick ansieht, so als ob sie wisse, dass Jonas etwas verschweigt. Schnell sagt er: „Ich denke, wir müssen jetzt auch mal los. Wir haben noch einiges zu tun."

Schon erhebt sich Jonas von seinem Stuhl, schaut Winnie an und fragt: „Bist du fertig zum Gehen?" Winnie nickt und hüpft vergnügt von seinem Stuhl.

Nachdem sich beide von Jonas Mutter verabschiedet haben, sind sie auch schon aus der Tür verschwunden und machen sich auf, zum ersten Geschäft.

Zur gleichen Zeit…

„Das ist beides sooo schön geworden. Danke für deine Hilfe, Schwester Maria." Zufrieden schaut Lilly auf ihre fertigen Werke. „Ich finde es auch wirklich bezaubernd und ich bin mir sicher, dass Winnie sich sehr darüber freuen wird", antwortet Schwester Maria. „Ich freue mich schon sehr darauf, es ihm morgen Abend zu schenken. Meinst du, er wird es direkt anziehen?" Schwester Maria nickt. „Ich denke schon, dass er das machen würde…"

„Aber? Stimmt etwas nicht damit?", unterbricht Lilly Schwester Maria unsicher. „Ich finde, wir sollten es vorher waschen, trocknen und bügeln."

„Oh, nein, das stimmt! Das habe ich ja ganz vergessen", antwortet Lilly entsetzt. Schwester Maria lacht: „Na, ein Vorteil hat das Ganze ja auch", sagt sie, „dann lernst du gleich auch noch Wäsche waschen, trocknen und bügeln." Lilly verzieht das Gesicht: „Sehr witzig! Und als nächstes bereite ich das Abendmahl", antwortet sie trotzig. „Ah, da ist ja meine alte Lilly wieder. Ich hatte schon Sorge, du bist für immer weg", sagt Schwester Maria und zwinkert Lilly zu. „Hm", macht Lilly nur, schnappt sich das Kleid und die Mütze und sagt: „Ich gehe jetzt waschen."

Schwester Maria lächelt zufrieden und geht Lilly
hinterher.

Zur gleichen Zeit…

„Schau mal, wie findest du die?", fragt Winnie und hält ein paar grüne Torwarthandschuhe in die Luft. „Ja, die sind schon sehr schön, aber ist das auch Lillys Lieblingsfarbe?!", fragt Jonas. „Oh, ich weiß gar nicht, was Lillys Lieblingsfarbe ist", stellt Winnie fest. „Rosa wird sie wohl nicht mögen, oder?"

„Lilly und rosa??? Nein, das glaube ich auch nicht", stimmt Jonas zu. Winnie schaut auf die Torwarthandschuhe. *„Was wird Lilly wohl am liebsten mögen?"*, fragt er sich selbst. Sein Blick fällt auf ein paar blaue Handschuhe. „Sag mal, welche Farbe hat eigentlich euer Fußballtrikot?", fragt er Jonas. „Wir haben ein blaues Trikot. Warum fragst du, Winnie?" „Ach nur so", antwortet er und lacht. „Jetzt sag schon", fordert ihn Jonas auf und zupft an Winnie Mütze. „Ich habe mir gerade vorgestellt, wie Lilly wohl aussieht, wenn sie in deiner Mannschaft spielen würde", antwortet Winnie fröhlich. „Das habe ich mir auch schon vorgestellt", gibt Jonas schüchtern zu. In diesem Moment fällt Winnies Blick auf ein weiteres paar Torwarthandschuhe. „Ich habe es, Jonas, wie findest du die?", fragt Winnie aufgeregt und hält Jonas ein paar gelbe Torwarthandschuhe entgegen. „Hey, die sind ja klasse!", stimmt Jonas zu. „Lass mich die mal anprobieren", bittet er Winnie. Winnie überreicht Jonas die Handschuhe.

„Die fühlen sich sehr gut an, Winnie, die solltest du nehmen", bestätigt Jonas seinen Eindruck. „Perfekt, die Handschuhe haben wir also schon. Jetzt fehlt nur noch das Buch", freut sich Winnie. „Bücher habe ich da vorne gesehen. Weißt du, welches du haben möchtest?", fragt Jonas Winnie. „Ich weiß, wie es aussieht. Ich habe es Lilly ja kaputt gemacht", sagt Winnie traurig. „Wieso hast du ein Buch kaputt gemacht?", fragt Jonas irritiert. „Lilly ist in mein Zimmer gegangen und hat meine Blumen und mein Strandbild kaputt gemacht. Da war ich so wütend auf sie, dass ich in ihr Zimmer gegangen bin, um ihr Buch kaputt zu machen. Ich hatte es vorher mal angefasst und sie war wütend deswegen. Sie hat gesagt, dass ich das nicht anfassen darf. Ich wusste also, dass sie das Buch sehr gerne mag und deswegen habe ich es kaputt gemacht, weil sie halt auch so gemein zu mir war", erklärt Winnie immer noch traurig. „Das war aber nicht nett von euch beiden", stellt

Jonas fest, „aber ich kann dich irgendwie auch verstehen", ergänzt Jonas. Zusammen gehen sie zu den Büchern. „Schau mal, Winnie, hier sind die Fußballbücher." Winnie schaut auf die vielen Bücher. „Ist das Buch dabei, welches du haben möchtest?", fragt Jonas nach. „Bisher habe ich es noch nicht gesehen", antwortet Winnie enttäuscht und beginnt die Bücher durchzusehen. „Weißt du, was vorne drauf ist? Dann helfe ich dir suchen", bietet Jonas an. „Ja, da vorne ist genau das hier drauf", quietscht Winnie vor Freude und zieht das dritte Buch aus dem Stapel. „Heißt das, dass du das Buch gefunden hast?", freut sich Jonas ebenfalls. „Ja, genau das habe ich", bestätigt Winnie. Er schaut auf den Preis des Buches. „Das Buch kostet 19,95 Euro und die Handschuhe 29,95 Euro. Dann komme ich ja genau hin. Ich habe sogar noch 10,10 Euro übrig", freut sich Winnie. „Ja, das stimmt." Jonas überlegt. „Möchtest du denn noch etwas für dich kaufen?", fragt er Winnie. Winnie überlegt. „Vielleicht finden wir noch ein Buch über die Malediven?!" „Für dich?", fragt Jonas irritiert. „Ja", stimmt Winnie zu. „Ich liebe die Malediven", sagt er fröhlich. „Ein Mädchen, das Fußball mag und ein Weihnachtself, der die Malediven mag. Ihr beiden seid schon so eine lustige Truppe", lacht Jonas. „Und ein Junge, der von einem Mädchen beim Fußball abgezogen wird", ärgert Winnie Jonas. Beide schauen sich an und beginnen laut zu lachen. „Ich würde sagen, wir gehen jetzt zur Kasse und anschließend in die große Buchhandlung. Dort findest du bestimmt ein Buch über die Malediven", schlägt Jonas vor. „Das ist eine gute Idee", stimmt Winnie zu.

Nachdem Winnie die Torwarthandschuhe und das Buch bezahlt hat, gehen sie zur Buchhandlung, welche sich in der Nebenstraße befindet. Dort angekommen, werden sie in den ersten Stock geschickt, wo sich die Bücher über die schönsten Urlaubsländer sowie die Reiseführer befinden. Sofort fällt Winnie ein großes Buch mit einem Traumstrand abgebildet auf. „Schau mal, Jonas. Da ist ein Buch über die Malediven", freut sich Winnie und klatscht vergnügt in die Hände. „Oh, ja, ich sehe es", stimmt Jonas zu und holt das Buch aus dem Regal, um es Winnie zu überreichen. „Oh, da sind ja gaaanz viele Bilder drin", stellt Winnie entzückt fest und schaut sich diese ganz verträumt an. Jonas, der sieht, wie sehr Winnie dieses Buch gefällt, schaut ihn an und fragt: „Möchtest du das Buch kaufen, Winnie?"

„Wie teuer ist das Buch denn?", fragt Winnie und schaut auf die Rückseite. „Oh, das Buch kostet 49,95 Euro. Das kann ich mir nicht leisten", antwortet Winnie traurig und stellt das Buch wieder zurück. „Ich könnte die das Geld geben, Winnie. Ich habe doch auch 60 Euro von meiner

Mutter bekommen", schlägt Jonas vor. „Das ist lieb von dir, Jonas, aber ich kann es dir ja nicht mehr zurückgeben. Deswegen geht das nicht", antwortet Winnie und dreht sich um, um Richtung Ausgang zu gehen. „Aber, ich schenke dir das Buch", ruft Jonas hinterher. „Das brauchst du nicht, Jonas. Aber danke, für das Angebot", antwortet er und läuft die Treppe hinunter.

Vor der Türe wartet er auf Jonas. Die beiden sehen, dass es schon ganz dunkel geworden ist. „Ich muss mich jetzt schnell beeilen, damit ich pünktlich wieder zurück im Waisenhaus bin", stellt Winnie fest. „Wenn du möchtest, dann bringe ich dich zum Waisenhaus. Dann brauchst du nicht alleine zu laufen", bietet Jonas an. „Aber dann musst du ja ganz alleine nach Hause gehen", antwortet Winnie. „Ach, das macht nichts. Ich gehe gerne mit dir", sagt Jonas und lächelt Winnie an. Winnie freut sich und nimmt Jonas Angebot gerne an. Gemeinsam laufen sie zum Waisenhaus.

Nach 20 Minuten sind sie angekommen. „Da ist es", sagt Winnie und zeigt auf das große Backsteingebäude. „Ja, das kenne ich. Ich bin schon oft mit dem Fahrrad daran vorbeigefahren. Aber ich habe Lilly noch nie gesehen", erzählt Jonas. „Ich glaube, Lilly ist nicht so oft draußen", überlegt Winnie laut. „Danke, dass du mich her gebracht hast, Jonas", sagt Winnie. „Kein Problem, das habe ich gerne gemacht. Und danke nochmal, dass du mir beim Verkaufen geholfen hast. So war es wirklich lustig und die Zeit ist schnell vergangen."

„Ja, mir hat es auch viel Spaß gemacht", stimmt Winnie zu. „Also, dann mach es gut Jonas. Vielleicht sieht man sich ja noch einmal?!" Jonas lächelt: „Bestimmt sieht man sich nochmal", antwortet er und dreht sich um, um zu gehen. Nach ein paar Meter schaut er noch einmal zurück und winkt: „Ciao, Winnie!" Winnie winkt zurück. „Ciao", sagt er leise und seufzt. Als Jonas außer Sichtweite ist, läutet Winnie die Glocke. *„Hoffentlich merkt Lilly jetzt nicht, dass ich weg war",* denkt er.

„Winnie, da bist du ja wieder. Schön, dich zu sehen", sagt Schwester Maria fröhlich. „Hat Lilly etwas gemerkt?", fragt Winnie leise. „Nein, überhaupt nichts", antwortet Schwester Maria und lächelt Winnie an. „Das ist gut! Kannst du bitte kurz mit in mein Zimmer kommen? Ich möchte dir etwas zeigen?", fragt Winnie Schwester Maria. „Natürlich, gerne", antwortet sie. Zusammen gehen sie auf Winnies Zimmer.

„Schau mal, das habe ich für Lilly gekauft", sagt Winnie stolz und zeigt Schwester Maria die Torwarthandschuhe und das Buch. „Aber wie hast du das gemacht, Winnie?", fragt Schwester Maria überrascht. „Na, ganz einfach. Ich war in der Bäckerei von Jonas Mutter und habe mit Jonas Weckmänner verkauft. Als wir alle verkauft hatten, haben Jonas und ich jeweils 60 Euro von seiner Mutter bekommen. Das war unser Verdienst für den Verkauf", erzählt Winnie immer noch stolz, über das, was er selber geschafft hat. „Du bist echt ein sehr fleißiges und schlaues Kerlchen, Winnie", stellt Schwester

Maria fest. Winnie strahlt vor Freude. Er schaut auf die Geschenke. „Jetzt muss ich das nur noch einpacken. Hast du vielleicht Geschenkpapier und Schleifen für mich?", fragt Winnie. „Natürlich, soviel du willst", antwortet Schwester Maria. „Ich bringe es dir nach dem Abendessen vorbei. In Ordnung?!" Winnie nickt. In diesem Moment klopft es an der Türe. Schnell schiebt Winnie die Sachen unter sein Bett und zieht seinen Mantel aus. Er schafft gerade noch seinen Mantel über den Stuhl zu hängen, als sich die Türe öffnet.

„Winnie? Bist du da?", hört er Lilly fragen. „Oh,

störe ich gerade?", fragt Lilly, als sie Schwester Maria sieht. „Nein, überhaupt nicht, mein Kind. Ich wollte Winnie und dich gerade zum Abendessen holen", antwortet Schwester Maria schnell. „Ach so, ich wollte Winnie auch gerade zum Essen holen", lacht Lilly. Zu dritt verlassen sie Winnies Zimmer und gehen zum Speisesaal.

„Hast du wieder Bilder gemalt?", fragt Lilly Winnie beim Abendessen. Winnie nickt: „Ja, ich habe ein bisschen gemalt und etwas gelesen", antwortet er und hat dabei ein schlechtes Gewissen, weil er gelogen hat. *„Es ist doch eine Notlüge, Winnie. Wenn du Lilly die Wahrheit sagst, dann ist es doch keine Überraschung mehr"*, denkt er sich und versucht, sich damit zu beruhigen. „Was hast du gemacht?", fragt er schnell, um von sich abzulenken. „Ach, ich habe Musik gehört und auch ein bisschen gelesen", antwortet Lilly zögerlich. „Du hast gelesen?", fragt Winnie überrascht. „Ja, ich kann schon lesen, auch wenn es nicht danach aussieht", lacht Lilly und versucht ihrerseits vom Thema abzulenken. Auch sie hat nämlich in diesem Moment ein schlechtes Gewissen, dass sie Winnie nicht die Wahrheit gesagt hat. Schwester Maria merkt, dass die beiden sich unwohl fühlen und versucht zu helfen. „Morgen Vormittag, nachdem die anderen Kinder alle von ihren Eltern abgeholt worden sind, werde ich wieder den Weihnachtsbaum schmücken. Habt ihr zwei Weihnachtsmuffel vielleicht Lust, mir dabei zu helfen?", fragt sie und lächelt Winnie und Lilly an. „Lust? Aber natürlich", antwortet Winnie. „Ich helfe auch mit", sagt Lilly und lächelt zurück. Schwester Maria freut sich über die Wandlung, die Winnie und Lilly durchgemacht haben. „Das freut mich sehr!", sagt sie zufrieden und beißt in ihr Salamibrot. Sichtlich müde von den anstrengenden letzten beiden Tagen und, um auch nichts zu verraten, essen Winnie und Lilly ihr Abendbrot in Ruhe auf.

Nach dem Abendessen räumen sie gemeinsam den Tisch ab. „Ich glaube, ich bin noch sehr müde von gestern. Ich muss wohl heute etwas früher schlafen gehen", sagt Winnie zu Lilly und denkt dabei an die Geschenke, die er noch einpacken möchte. „Oh, ja, ich bin auch noch sehr müde", schwindelt Lilly und denkt ihrerseits dabei an das Kleid und die Mütze, die sie noch bügeln und verpacken muss. „Dann sehen wir uns morgen früh, Lilly. In Ordnung?", schlägt Winnie vor. „In Ordnung", antwortet Lilly und wünscht Winnie eine gute Nacht. Nachdem auch Winnie Lilly eine gute Nacht gewünscht hat, gehen beide auf ihre Zimmer.

Wie versprochen bringt Schwester Maria Winnie kurz danach Geschenkpapier und Schleifen.

Anschließend geht sie mit Lilly in den Wäscheraum, um das Kleid und die Mütze zu bügeln. Zurück in Lillys Zimmer, bekommt auch sie Geschenkpapier und Schleifen, um die Geschenke für Winnie einzupacken. Lilly bastelt zusätzlich eine Weihnachtskarte für Winnie in Form eines Sandstrandes und beschreibt diese in ihrer schönsten Schreibschrift, wie es ihr nur möglich ist.

Auch Winnie bastelt für Lilly eine Weihnachtskarte in Form eines Fußballes. Auf den weißen Flächen schreibt auch er mit seiner schönsten Schreibschrift kleine Weihnachtsgedichte sowie einen persönlichen Text.

Nach zweieinhalb Stunden sind die beiden mit allem fertig und bitten Schwester Maria jeweils, die Päckchen morgen, nachdem der Weihnachtsbaum geschmückt ist, darunter zu legen. Diese nimmt die Aufträge der beiden fröhlich entgegen und verspricht, alles genau wie abgesprochen zu machen. Anschließend wünscht sie beiden eine gute Nacht.

Glücklich und zufrieden machen sich Winnie und Lilly bettfertig und gehen schlafen. Erschöpft von den ganzen Anstrengungen fallen ihnen kurz danach die Augen zu und sie schlafen friedlich und ruhig bis zum nächsten Morgen.

Pünktlich um 09.30 Uhr treffen sich alle im Speisesaal, um zu frühstücken. „Hallo, Winnie, da bist du ja endlich!" wird er von Lilly begrüßt. „Hallo, Lilly! Hast du gut geschlafen?", begrüßt Winnie Lilly ebenso überschwänglich. „Ja, ich habe sehr gut geschlafen und ganz viel geträumt. Und du?" Winnie lacht: „Ich habe auch sehr gut geschlafen."

„Hast du auch etwas geträumt, Winnie?", möchte Lilly wissen. „Ja, ich habe von einer Schneeballschlacht geträumt, vom Weihnachtsmann, wie er den ganz großen Schlitten hinter sich her zieht, von Hugo und Sepp und den anderen vielen Elfen und…", Winnie macht eine kurze Pause, „ich habe von dir geträumt, wie du dein erstes Fußballspiel gewinnst", ergänzt er mit strahlenden Augen.

„Ach, Winnie, das klingt ja alles sooo schön, aber mit dem letzten Traum hast du ja wohl nicht recht", sagt Lilly. „Aber, warum denn nicht?", fragt Winnie schmollend und beißt in sein Brot mit Schokocreme. „Wo soll ich denn schon Fußballspielen? Ich bin doch ein Mädchen", sagt Lilly traurig. „Aber, Jonas findet doch gut, wie du spielst. Er hat dich doch gefragt, ob du wiederkommst", erinnert Winnie Lilly. „Du weißt doch, Jonas weiß nicht, dass ich ein Waisenkind bin. Und wenn er es wüsste, fände er es doof."
„Das sagst du. Ich bin davon nicht überzeugt", antwortet Winnie und beißt ein weiteres Mal in sein Brot. Als er merkt, dass Lilly ihm nicht antwortet, fragt er: „Was hast du denn eigentlich geträumt, Lilly?" Lilly überlegt. „Ich habe ehrlich gesagt auch vom Fußballspielen geträumt, dann noch von Weckmännern, von dem Obdachlosen, wie wir den Tannenbaum schmücken und, dass wir Plätzchen backen", lacht Lilly. „Oh, stimmt,

wir haben ja gar keine Plätzchen gebacken", stellt Winnie fest. „Ich habe noch nie Plätzchen gebacken", sagt Lilly. „Waaas? Aber das machen doch alle Kinder", sagt Winnie entsetzt. „Na ja, Plätzchen backen war nicht so mein Ding, genauso wenig wie Weihnachtsbäume schmücken, Kränze basteln oder Dekorieren", sagt Lilly leise und schaut auf ihr Käsebrot. „Jetzt ist es dafür ja leider schon zu spät", sagt Winnie traurig. „Ach, wer sagt denn so etwas?", unterbricht Schwester Maria die beiden. „Na, wir haben doch heute schon Heilig Abend", antwortet Winnie. „Ja, zugegebenermaßen sind zu dieser Zeit die Weihnachtsplätzchen schon gebacken, aber wer sagt denn, dass man das nicht auch noch an Weihnachten selber machen darf?", fragt Schwester Maria und lacht. „Wir können noch Plätzchen backen?", fragt Winnie und seine Augen beginnen wieder zu strahlen. „Ja, warum denn nicht? Wir haben doch Zeit", antwortet

Schwester Maria fröhlich. „Oh, prima", freut sich Winnie und klatscht in die Hände. „Ich freue mich auch darauf", sagt Lilly etwas schüchtern. Schwester Maria lächelt.

Nachdem sie mit dem Frühstücken fertig sind, räumen sie wieder gemeinsam den Tisch ab. Winnie und Lilly gehen auf Winnies Zimmer, während Schwester Maria die anderen Kinder, die von ihren Eltern abgeholt werden, verabschiedet. Um 11.30 Uhr sind alle Kinder weg und Schwester Maria holt Winnie und Lilly, um mit ihnen den Weihnachtsbaum zu schmücken.

„Können wir auch ein paar bunte Blumen in den Weihnachtsbaum hängen?", fragt Winnie und hält seinen Beutel mit den Blumen in die Höhe.

Schwester Maria lacht: „Das ist zwar etwas ungewöhnlich, aber warum nicht", antwortet sie. „Oh, das ist toll, danke", freut sich Winnie. „Wie hängen wir die denn auf?", fragt Lilly und schaut zu Winnie, der schon vorsichtig ein paar Blumen auf den Tisch gelegt hat. „Wir ziehen einfach mit einer Nadel ein Stück Garn durch", schlägt Schwester Maria vor. „Gute Idee! Darf ich das machen?", fragt Lilly und schaut Winnie an. „Ich pikse mich immer damit, du darfst das gerne machen, Lilly", antwortet Winnie froh.

Nachdem Lilly durch jede Blume ein Stück Garn durchgezogen und dieses verknotet hat, legt sie die Blumen wieder auf den Tisch. „Jetzt suchen wir die Kugeln aus, ok?!", fragt sie. „Ja, ok. Sollen wir die auch erst auf den Tisch legen oder direkt in den Baum hängen?", fragt Winnie. Unsicher schauen beide Schwester Maria an. „Das dürft ihr euch aussuchen, wie ihr möchtet", sagt sie. „Dann hängen wir erst die Kugeln auf, dann die Blumen

und zum Schluss die Kerzen", schlägt Winnie vor.
„Du hast etwas vergessen, Winnie", stellt Lilly
fest. Winnie überlegt. „Was denn?", fragt er nach.
„Na, den Stern", lacht Lilly. „Der muss doch
noch oben auf die Spitze."

„Oh, das stimmt ja. Das hätte ich fast vergessen",
sagt Winnie entschuldigend. „Nicht schlimm,
dafür hast du mich doch", lacht Lilly und zu dritt
hängen sie Kugeln, Blumen und Kerzen in den
Baum.

Als sie fertig sind, schauen sie auf den schönen goldenen Stern, der noch auf die Spitze gesetzt werden muss. „Wer möchte den Stern von euch auf die Spitze setzen?", fragt Schwester Maria feierlich. „Ich glaube, das machen immer die Papis", sagt Lilly traurig. „Ich glaube auch", antwortet Winnie leise. Schwester Maria überlegt. Was haltet ihr davon, wenn wir es viel schöner machen, als alle Papis auf der ganzen Welt?", versucht sie Winnie und Lilly aufzumuntern. „Aber wie soll das denn gehen?", möchte Winnie wissen. Schwester Maria holt den goldenen Stern aus dem Karton. „Wir setzen ihn alle zusammen auf die Spitze", sagt sie und lächelt die beiden an. „Oh, das ist aber eine schöne Idee", antwortet Winnie begeistert. Und auch Lilly schaut mit einem Mal wieder fröhlich. „Ja, das ist sehr schön", sagt sie und seufzt. Schwester Maria hält den goldenen Stern fest, während Winnie und Lilly die Leiter erklimmen. Als die beiden oben angekommen sind, hält Schwester Maria den goldenen Stern in die Höhe. Winnie und Lilly fassen ihn vorsichtig an und zu dritt setzen sie ihn auf die Spitze des Weihnachtsbaumes. Für einen Moment schweigen alle und schauen fasziniert auf ihr Werk. „Das habt ihr wirklich sehr schön gemacht", sagt Schwester Maria anschließend. Winnie und Lilly stimmen ihr zu. „Na, kommt her, meine kleinen Helfer!" Schwester Maria breitet die Arme aus und hebt zuerst Winnie und danach Lilly von der Leiter. Noch einmal schauen sie den Weihnachtsbaum an, bevor sie die restlichen Sachen wieder an ihre Plätze verstauen. Zum Schluss räumt Winnie seinen Beutel mit den Blumen zurück in sein Zimmer.

„Hast du vielleicht Lust, ein Bild mit mir zu malen?", fragt Winnie Lilly, die ihm auf sein Zimmer gefolgt ist. „Lust hätte ich schon, aber ich kann nicht so gut malen", sagt sie leise. „Ach, das ist nicht schwer. Ich zeige dir, wie es geht", muntert Winnie Lilly auf. „Ok, ich probiere es mal", stimmt Lilly zu.

Bereits kurz danach hat Winnie all seine Malutensilien herausgeholt.

„Was hältst du davon, wenn wir ein großes Bild von uns malen. Du im Tor auf einem Fußballplatz, ich am Strand und dazu den Weihnachtsbaum, den wir eben geschmückt haben?", schlägt Winnie vor. „Das ist ja eine schöne Idee", freut sich Lilly und schon beginnen die beiden ein großes Bild zu malen.

Gerade als die fertig sind, klopft es an der Türe und Schwester Maria kommt herein. „Oh, das ist aber schön", sagt sie und betrachtet das Bild, welches Winnie und Lilly gerade gemalt haben. „Ja, ich habe Winnie mit einem lustigen Blumenkleid und einer lustigen Blumenmütze am Strand gemalt", sagt Lilly und denkt dabei an die Geschenke, die sie für Winnie gemacht hat. „Und ich habe Lilly im Tor auf dem Fußballplatz gemalt", sagt Winnie und lacht ebenfalls, weil er Lilly gelbe Torwarthandschuhe, so wie er sie für sie gekauft hat, gemalt hat. Schwester Maria sieht die Details, die Winnie und Lilly gemalt haben. *„Da haben die beiden wohl ganz schöne Schwierigkeiten, ihre Geheimnisse für sich zu behalten"*, denkt sie und lacht. „Ich finde, es ist wirklich ein sehr schönes Bild", wiederholt sie. Nachdem sich Winnie und Lilly bedankt haben, schaut Schwester Maria die beiden an. „Was halten meine kreativen, fleißigen Helfer davon, wenn wir jetzt ein schönes Stück Stollen essen und danach in die Kirche gehen?", fragt sie fröhlich. „Ok, machen wir", stimmt Lilly zu. „Keine Gegenwehr?", fragt Schwester Maria überrascht. „Wieso? Kirchen sind doch schön", lacht Lilly und verlässt als erste das Zimmer. Schwester Maria schaut Winnie irritiert an. Dieser zuckt mit den Schultern und hebt lächelnd die Hände in die Höhe. „Manche Dinge ändern sich halt", sagt er und verlässt ebenfalls das Zimmer.

Nachdem Winnie, Lilly und Schwester Maria ihr Stück Stollen gegessen und ihren warmen Kakao mit Sahne getrunken haben, ziehen sie ihre Mäntel, ihren Schal, ihre Mützen und ihre Handschuhe an und machen sich auf den Weg zur Kirche.

Nachdem sie ein paar Meter gegangen sind, schaut Schwester Maria Winnie an. „Du, Winnie, der Weihnachtsmann hat vorhin angerufen. Er fragt, wann du wieder nach Hause möchtest?" Winnie erschrickt. Er überlegt. *„Ich sollte Lilly Weihnachten näher bringen. Lilly hat sich sehr verändert. Sie hat den gestohlenen Weckmann zurück gebracht, hat dem Obdachlosen geholfen, den Weihnachtsbaum geschmückt, will Plätzchen backen und geht jetzt sogar freiwillig in die Kirche. Soll das heißen, dass meine Arbeit jetzt fertig ist???"*, fragt sich Winnie traurig.

„Winnie?", werden seine Gedanken durch Schwester Marias Worte unterbrochen. „Also, du kannst dem Weihnachtsmann sagen, dass ich hier noch beschäftigt bin und deswegen noch nicht nach Hause kann", antwortet er entschlossen. Schwester Maria lacht: „Ja, der Weihnachtsmann kennt dich wohl ganz genau, er wusste, dass du so etwas sagst."

„Winnie soll aber noch nicht gehen", sagt nun auch Lilly traurig und nimmt Winnies Hand. „Ach, ihr beiden", seufzt Schwester Maria. „Ich habe mit dem Weihnachtsmann ausgemacht, dass Winnie bis zum 06.01. bei uns bleiben kann", versucht sie die beiden zu trösten. „Und danach?", fragt Lilly immer noch traurig. „Danach darf Winnie uns in allen Ferien besuchen kommen, wenn er möchte", antwortet Schwester Maria fröhlich. „Wirklich???", fragen Winnie und Lilly gleichzeitig. „Ja, wirklich", bestätigt Schwester Maria. „Oh, Winnie, das ist ja toll", freut sich Lilly und nimmt Winnie überschwänglich in die Arme. „Ja, das ist wirklich toll", freut sich Winnie ebenfalls. Glücklich und zufrieden gehen sie in die Kirche.

Nach der Messe unterhält sich Schwester Maria noch kurz mit dem Pfarrer, während Winnie und Lilly geduldig vor der Türe der Kirche warten.

„Hast du gesehen, Lilly, da drüben steht Jonas",
sagt Winnie und deutet mit dem Kopf in Jonas
Richtung. „Oh je, schnell weg!", sagt Lilly leise.
„Wieso denn? Willst du Jonas nicht begrüßen?",
fragt Winnie überrascht. „Nein, du weißt doch,
dass er nicht weiß, dass ich ein Waisenkind bin.
Wenn er uns mit Schwester Maria sieht, wird es
ihm aber sofort klar sein", antwortet Lilly und
zieht Winnie wieder in die Kirche. „Ihr beiden
seid ja noch hier drin. Ich wollte gerade zu euch
kommen", hören sie Schwester Maria hinter sich
sagen. „Ja, hier ist es etwas wärmer als draußen",
antwortet Lilly und ist froh, dass das zwar nicht
der Grund dafür ist, warum sie wieder
hereingekommen sind, diese Antwort aber auch
nicht gelogen ist. „Du hast zwar recht, mein
Kind, aber wir müssen jetzt trotzdem wieder nach
Hause", lacht Schwester Maria und öffnet die
schwere braune Tür. Zögerlich geht Lilly hinaus.
Als sie sieht, dass Jonas bereits gegangen ist, ist

sie erleichtert. Zusammen gehen sie wieder zurück zum Waisenhaus.

„Ihr macht euch jetzt etwas frisch und kommt dann zum Abendessen, in Ordnung?!", sagt Schwester Maria fröhlich. Winnie und Lilly stimmen zu und gehen auf ihre Zimmer.

15 Minuten später erscheinen beide sauber und frisch angezogen im Speisezimmer und bewundern den feierlich gedeckten Tisch. „Das sieht aber schön aus", sagt Winnie leise und traut sich gar nicht so recht, sich an seinen Platz zu setzen. „Ja, das finde ich auch", stimmt Lilly zu und bleibt ebenfalls vor ihrem Platz stehen. „Möchtet ihr denn gar nichts essen?", fragt Schwester Maria und lacht. Ohne zu antworten

setzen sich Winnie und Lilly an den schön gedeckten Tisch.

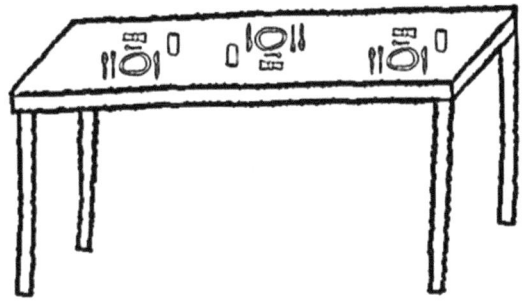

Schwester Maria reicht Winnie und Lilly das Essen. „Einmal die Vorspeise, meine Herrschaften, Hühnersuppe mit Nudeln, dazu frisches Ofenbaguette", sagt sie. Vorsichtig faltet Lilly ihre Stoffserviette auseinander und legt sich diese über den Schoß. Winnie, der Lilly dabei beobachtet hat, macht dieses ebenfalls. Schwester Maria lächelt und wünscht beiden einen guten Appetit. Nachdem Winnie und Lilly ebenfalls einen guten Appetit gewünscht haben, beginnen sie zu essen. Kurz darauf sind sie auch schon mit der Vorspeise fertig.

„Kommen wir zum Hauptgang", sagt Schwester Maria, nachdem sie die Suppenteller beiseite gestellt hat. „Einmal Klöße, Rotkohl und Rinderbraten in brauner Sauce", zählt sie auf und stellt einen Teller vor Winnie und den anderen vor Lilly. Als letztes nimmt sie ihren Teller und stellt ihn vor sich auf den Tisch. Vergnügt beginnen die drei zu essen. „Das schmeckt sooo gut", schwärmt Winnie und schiebt ein Stück Kloß über seinen Teller, damit dieses von brauner Sauce bedeckt ist. „Ja, sehr gut", stimmt Lilly zu, während sie gerade ein Stück Fleisch abschneidet. *„Ich glaube, es ist das erste Mal, dass Lilly gesagt hat, dass ihr etwas schmeckt"*, überlegt Schwester Maria und lächelt. „Schmeckt es dir auch?", möchte Winnie wissen und unterbricht dabei ihre Gedanken. „Wie? Ja, sehr gut, danke!"

„Warst du gerade abgelenkt?", fragt Winnie überrascht. „Ehrlich gesagt, habe ich gerade an die vergangenen Feste und das Essen gedacht", antwortet Schwester Maria. „Da war ich ganz schön böse", sagt Lilly leise. „Ach, mein Kind, du warst nicht böse, du warst wohl nur sehr enttäuscht und verletzt", sagt Schwester Maria und seufzt. „Tut mir leid", entschuldigt sich Lilly und blickt traurig auf ihren Teller. Winnie beobachtet Lilly und Schwester Maria schweigend und schiebt sich stattdessen ein weiteres Stück Kloß in braun getränkter Sauce in den Mund. „Was hältst du davon, wenn wir einfach einen Neuanfang machen?", schlägt Schwester Maria vor. „Du meinst, wir reden nicht mehr darüber, wie es vorher war?", fragt Lilly leise. „Wir reden nur darüber, wenn du es möchtest und wenn es dir hilft. Wir reden aber nicht darüber, damit du dich schlecht fühlst. Traurig sein ist in Ordnung und muss manchmal sein, aber schlecht fühlen ist in diesem Zusammenhang nicht richtig", sagt Schwester Maria liebevoll. „Das klingt gut", antwortet Lilly und lächelt zaghaft. „Das finde ich auch", sagt Winnie und schiebt sein letztes Stück Kloß durch die braune Sauce, um es anschließend in seinem Mund verschwinden zu lassen. Vorsichtig wischt er seinen Mund ab und trinkt einen großen Schluck Orangensaft.

„So, wer mag Nachtisch?", fragt Schwester Maria kurz darauf und lacht. „Puh, ich bin ja fast schon satt, aber es wäre eine Schande, den Nachtisch verkommen zu lassen", lacht Lilly ebenfalls. „Also, ich habe noch ein bisschen Platz in meinem Bauch", sagt Winnie fröhlich und drück sich auf seinen Oberbauch. „Verstanden, meine Herrschaften", sagt Schwester Maria fröhlich und reicht Winnie und Lilly ihren Nachtisch. „Einmal Schokoladenmousse mit Sahne, dazu frisches Obst", zählt sie erneut auf und klingt dabei wie ein Sternekoch. Als Winnie und Lilly sehen, wie liebevoll ihre Teller angerichtet sind, beginnen ihre Augen zu strahlen. Schwester Maria lächelt die beiden an und genießt diesen Anblick. Nachdem sie auch ihren Teller vor sich gestellt hat, beginnen die drei, ihren Nachtisch zu essen.

Knapp zehn Minuten später sind alle fertig und vollkommen satt und zufrieden. „Das war so ein tolles Festessen", wiederholt Winnie und legt seine gefaltete Stoffserviette auf den Tisch. „Ja, wirklich toll", antwortet Lilly und legt ebenfalls ihre Stoffserviette auf den Tisch. Zwei Minuten später räumen sie alle zusammen den Tisch ab.

Plötzlich hören sie ein kleines Glöckchen läuten. „Was war denn das?", fragt Lilly überrascht. „Das klingt wie der Weihnachtsmann", antwortet Winnie fröhlich und läuft zum Fenster. „Da, der Schlitten und die Rentiere", ruft er aufgeregt und zeigt auf den sich entfernenden Lichtschweif.

Nun läuft auch Lilly zum Fenster und traut ihren Augen nicht. „Da war ja wirklich der Weihnachtsmann", sagt sie erstaunt. „Na, warum sollte der Weihnachtsmann auch nicht kommen?", fragt Winnie vergnügt. „Weil ich dieses Jahr nicht so lieb war", antwortet Lilly unsicher. „Ach, Lilly, der Weihnachtsmann weiß schon, wer lieb ist und wer nicht", sagt er lächelnd und legt seine linke Hand auf Lillys Schulter.

„Na, was haltet ihr davon, wenn wir mal nachschauen, was uns der Weihnachtsmann gebracht hat?", fragt Schwester Maria fröhlich. „Ja, prima", freut sich Winnie und denkt dabei an seine Geschenke für Lilly, die er ihr gleich endlich überreichen kann. „Ja, gerne", freut sich Lilly und denkt ebenfalls an Winnies Kleid und seine Mütze. Gemeinsam gehen sie in die Wohnstube.

Mit offenem Mund und leuchtenden Augen stehen Winnie und Lilly vor dem hell erstrahlten Weihnachtsbaum. „Das ist ja sooo schön", sagt Winnie ganz gerührt. Lilly nickt. „Möchtet ihr eure Päckchen denn gar nicht auspacken?", fragt Schwester Maria überrascht. „Doch, gerne", sagt Lilly zögerlich und setzt sich auf den Boden. Winnie setzt sich neben sie. „Von da aus könnt

ihr eure Päckchen aber nicht aufmachen", lacht
Schwester Maria und deutet den beiden an, zum
Weihnachtsbaum zu gehen.

Vorsichtig nimmt Lilly ihre Geschenke für
Winnie und überreicht sie ihm. „Hier, Winnie, das

ist für dich", sagt sie stolz. „Oh, danke!", antwortet Winnie und überreicht Lilly seine Geschenke. „Und die sind für dich", sagt er ebenfalls stolz. „Danke!", sagt Lilly gerührt. Vorsichtig beginnt Lilly das erste Geschenk auszupacken. „Oh, das Fußballbuch!!!", freut sich Lilly und Tränen erfüllen ihre Augen. „Mach das andere Geschenk auch auf", fordert Winnie sie ungeduldig auf. Lilly öffnet das andere Geschenk. „Das sind ja Torwarthandschuhe!", stellt sie überrascht fest. „Ja, vielleicht spielst du ja irgendwann noch einmal, er weiß", sagt Winnie und zwinkert ihr zu. Lilly seufzt. „Jetzt musst du aber auch deine Geschenke aufmachen", fordert sie Winnie auf. Ebenso vorsichtig wie Lilly öffnet Winnie das erste Geschenk. „Oh, das ist ja eine Mütze mit Blumen drauf", freut sich Winnie. „Solche Blumen, wie ich überall habe", ergänzt er. „Schnell, das andere", sagt Lilly ebenfalls ungeduldig. Winnie öffnet das zweite Geschenk.

„Ein Kleid!!! Mit Blumen!!!" Winnie ist außer sich vor Freude. „Wie hast du das denn gemacht, Lilly???"

„Tja, ich habe gestern wohl keine Musik gehört und nicht gelesen", erklärt Lilly. „Du hast das gestern alles selbst gemacht???", fragt Winnie erstaunt. „Schwester Maria hat mir geholfen", gibt Lilly zu. „Das ist sooo schön", sagt Winnie ganz gerührt. „Du warst gestern aber wohl auch nicht die ganze Zeit auf deinem Zimmer", stellt Lilly fest und schaut auf ihre Geschenke. „Nicht so ganz", sagt Winnie schüchtern. „Ich habe gestern mit dem Sohn der Verkäuferin aus der Bäckerei Weckmänner verkauft, und mir somit mein erstes Geld verdient. Schwester Maria wollte mir Geld geben, damit ich dir etwas schenken kann, aber ich wollte es alleine schaffen", erzählt Winnie. „Das hast du wirklich für mich gemacht???", fragt Lilly erstaunt. „Ja", antwortet Winnie stolz und nickt. „Das ist ja so lieb von dir, Winnie, danke!"

„Erkennst du die Torwarthandschuhe eigentlich wieder?", fragt Winnie und lächelt Lilly an. Lilly überlegt. „Warte mal, das sind doch die Torwarthandschuhe, die du heute auf dem Bild gemalt hast?!"

„Genau, und wie ich sehe, hast du das Kleid und die Mütze hier gemalt", lacht Winnie. „Ja, das stimmt, ich konnte es nur schwer für mich behalten, deswegen musste ich es malen", sagt Lilly entschuldigend. Winnie lacht: „Ich konnte es auch nicht gut für mich behalten", gesteht er. Winnie überreicht Lilly seine Weihnachtskarte. „Hier, die habe ich gestern Abend für dich gebastelt", sagt er. „So, so, ich dachte, du warst genauso müde wie ich", lacht Lilly und überreicht Winnie ihre Weihnachtskarte. „Auch ein Werk von gestern Abend", sagt sie. Beide beginnen laut zu lachen. Nachdem sie ihre Karten gelesen haben, nimmt Winnie Lilly in den Arm, um sie zu drücken. „Danke, Lilly, das freut mich wirklich sehr!"

„Auch ich habe zu danken, Winnie. Du hast mir wirklich sehr schöne Geschenke gemacht", sagt sie und drückt ihn ebenfalls. „Möchtet ihr nicht schauen, was der Weihnachtsmann euch gebracht hat?", werden sie von Schwester Maria unterbrochen. „Oh, doch", antworten Winnie und Lilly und gehen wieder zum Weihnachtsbaum. „Schau mal, das ist für dich, Winnie", sagt Lilly und überreicht Winnie ein kleines Päckchen. „Und das ist für dich, Lilly", sagt Winnie und überreicht Lilly ebenfalls ein Päckchen. Gemeinsam öffnen sie ihre Geschenke. „Das ist ja eine Musikanlage, so wie ich sie mir schon immer gewünscht habe", freut sich Lilly. „Na, da weiß der Weihnachtsmann wohl, dass du gerne Musik hörst", lacht Schwester Maria. „Sieht wohl ganz so aus", stimmt Lilly zu. „Sie sieht zu Winnie. „Aber, Winnie, warum weinst du denn???

Ist dein Geschenk nicht schön???", fragt sie besorgt und läuft zu ihm hin, um ihn zu trösten. Auch Schwester Maria schaut besorgt zu Winnie. „Stimmt etwas nicht?", fragt Lilly und schaut auf Winnies Schoß, wo sein Päckchen liegt. Ohne ein Wort zu sagen, überreicht Winnie Lilly seine Weihnachtskarte. Lilly beginnt laut vorzulesen.

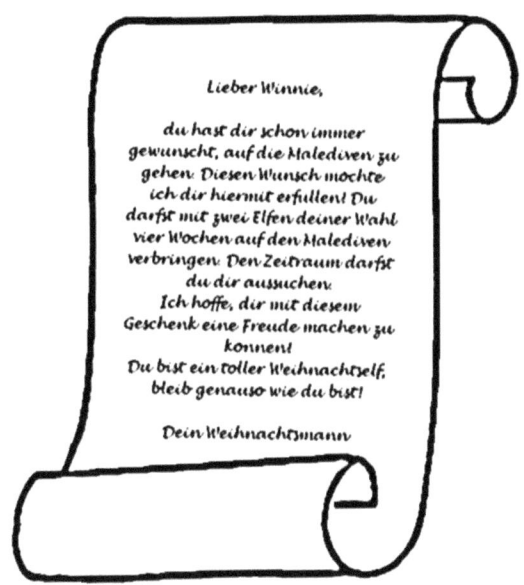

Lieber Winnie,

du hast dir schon immer gewünscht, auf die Malediven zu gehen. Diesen Wunsch möchte ich dir hiermit erfüllen! Du darfst mit zwei Elfen deiner Wahl vier Wochen auf den Malediven verbringen. Den Zeitraum darfst du dir aussuchen.
Ich hoffe, dir mit diesem Geschenk eine Freude machen zu können!
Du bist ein toller Weihnachtself, bleib genauso wie du bist!

Dein Weihnachtsmann

Lieber Winnie,

du hast dir schon immer gewünscht, auf die Malediven zu gehen. Diesen Wunsch möchte ich dir hiermit erfüllen! Du darfst mit zwei Elfen deiner Wahl vier Wochen auf den Malediven verbringen. Den Zeitraum darfst du dir aussuchen.

Ich hoffe, dir mit diesem Geschenk eine Freude machen zu können!

Du bist ein toller Weihnachtself, bleib genauso wie du bist!

Dein Weihnachtsmann

„Oh, Winnie, das ist ja wundervoll!!!! Das ist doch genau das, was du dir immer gewünscht hast!“, freut sich Lilly. Noch ganz gerührt von dem Geschenk, schafft Winnie es nicht, auch nur ein Wort hervorzubringen. Stattdessen wischt er sich die dicken Tränen aus den Augen. Lilly sitzt tröstend neben ihm und streichelt seinen Rücken. „Weißt du denn schon, welche Elfen du mitnimmst?", fragt Lilly ein paar Minuten später. Winnie nickt. „Ich würde gerne Sepp und Hugo mitnehmen", sagt er leise. „Sepp und Hugo? Von denen du letzte Nacht geträumt hast? Die beiden klingen aber witzig", versucht Lilly Winnie aufzumuntern. „Das sind sie auch", stimmt Winnie zu und lächelt zaghaft. „Ich hätte nie im Leben gedacht, dass ich jemals auf die Malediven darf", seufzt Winnie. „Der Weihnachtsmann weiß offensichtlich nicht nur, wer lieb und wer böse ist, sondern auch, was sich jeder von Herzen wünscht", sagt Lilly überzeugt. „Da hast du wohl recht", stimmt Winnie leise zu.

In diesem Moment läutet die Glocke draußen vor der Tür. Winnie und Lilly erschrecken. „Erwarten wir Besuch?", fragt Lilly überrascht. „Eigentlich nicht", sagt Schwester Maria und verlässt die Wohnstube, um zur Tür zu gehen. Winnie und

Lilly horchen leise. Kurz darauf hören sie
Stimmen, die immer näher kommen. „Wer ist
das?", fragt Winnie leise. „Ich weiß es nicht",
antwortet Lilly ebenso leise zurück. Gespannt
schauen beide zur Türe der Wohnstube. Als sich
diese öffnet, erschrecken beide erneut.

„Jonas", entdeckt ihn Winnie als erstes und
springt auf, um zu ihm zu laufen. „Was machst du
denn hier?"

„Wir wollten euch besuchen", antwortet Jonas
Mutter fröhlich. „Das ist aber eine freudige
Überraschung", sagt Winnie und nimmt sie in den
Arm. „Ich verstehe das jetzt nicht so ganz", sagt
Lilly irritiert. „Hallo, Lilly, schön, dich
wiederzusehen", sagt Jonas und streckt Lilly die
Hand entgegen. Immer noch irritiert erwidert

Lilly Jonas Händedruck. „Meine Mutter kennst du ja bereits und das ist mein Vater", erklärt Jonas. „Das ist deine Mutter???"

„Ja", bestätigt Jonas und lacht. „Hallo, Kleines", begrüßt nun auch Jonas Mutter Lilly. „Hallo", grüßt Lilly peinlich berührt zurück. „Irgendwie hat sich der Weihnachtsmann wohl in den Häusern vertan", sagt nun Jonas Vater und überreicht Winnie und Lilly jeweils ein Geschenk. „Die sind nämlich für euch", sagt er mit einem Zwinkern. „Für uns?", fragt Winnie überrascht, „Aber wir haben unsere Geschenke doch schon bekommen", ergänzt er. „Offensichtlich hat er noch etwas vergessen", lacht der Vater freundlich. „Möchten Sie ihre Mäntel ablegen und sich zu uns setzen?", bietet Schwester Maria an und deutet auf die Sessel. „Das ist sehr lieb von Ihnen, aber wir möchten nicht stören", antwortet Jonas Mutter. „Aber, nicht doch, Sie stören doch nicht, im Gegenteil."

„Wenn das so ist, dann vielen Dank!", sagt Joans Mutter und überreicht Schwester Maria die drei Mäntel. „Ich bin sofort wieder zurück", antwortet sie und verlässt mit den Mänteln die Wohnstube. Als sie wieder zurück ist und alle Platz genommen haben, schaut der Vater Winnie und Lilly an. „Möchtet ihr eure Geschenke nicht auspacken?", fragt er liebevoll. „Ja, doch", antwortet Lilly immer noch überrascht. Vorsichtig öffnen Winnie und Lilly ihre Geschenke. „Das ist ja das Buch!!!", freut sich Winnie. „Welches Buch?", fragt Lilly interessiert. „Das Buch über die Malediven, welches ich in der Buchhandlung gesehen hatte. Ich konnte es mir aber nicht kaufen, weil ich nicht mehr genug Geld hatte", erklärt Winnie. „Danke, Jonas!", sagt Winnie gerührt. „Das war der Weihnachtsmann", antwortet Jonas mit einem Zwinkern. „Was hast du bekommen, Lilly?", möchte Winnie wissen. Lilly schluckt: „Das sind Fußballschuhe und…", Lilly zögert. „Und?", fragt

Winnie nach. „Eine Mitgliedschaft im Fußballverein", sagt Lilly leise. „Aber das ist doch toll, Lilly, jetzt kannst du endlich Fußball spielen!", freut sich Winnie. „Aber ich bin doch ein Mädchen und ein Waisenkind, das geht doch gar nicht."

„Na, Lilly, wo ist denn dein Selbstbewusstsein hin?", fragt Schwester Maria liebevoll. „Ich finde, auch Mädchen können Fußball spielen. Und Waisenkind oder nicht, das ist beim Fußball ganz egal", sagt Jonas Vater überzeugt. „Auch wenn ich es anfangs nicht glauben konnte und wollte, aber du kannst es wirklich, Lilly. Und ich wäre stolz, dich als Spielerin in der Mannschaft zu haben", sagt Jonas fest entschlossen. „Mach das, Lilly!", sagt Winnie leise. „Ich weiß nicht, darf ich denn?", fragt Lilly Schwester Maria unsicher. „Aber, mein Kind, warum sollst du nicht dürfen? Wenn es das ist, was die gefällt und du Spaß dran hast, dann freue ich mich sogar", antwortet

Schwester Maria. Lilly zögert. „Na, komm, Kleines, gib dir einen Ruck und komm in unser Team", fordert Jonas Vater Lilly auf. Gespannt drückt Winnie die Daumen. „Mach schon, Lilly!", sagt er erneut. Lilly seufzt: „Also gut, ich mache es", sagt sie schüchtern. „Na, das geht aber mit mehr Überzeugung, oder?!", fordert Joans Vater Lilly auf. „Ja, ich mache es", sagt Lilly laut und beginnt zu lachen. „So ist es richtig, willkommen in unserem Team", sagt der Vater und reicht Lilly die Hand. Lilly erwidert seinen Händedruck. „Ich komme auf jeden Fall zu deinem ersten Fußballspiel, Lilly, versprochen", freut sich Winnie. „Na, und ich auch", sagt Schwester Maria ebenso erfreut. „Hach, Lilly unser kleines Fußballmädchen", sagt Winnie und seufzt. „Und Winnie unser Urlauber", sagt Lilly und lacht. „Aber, damit dies klar ist, eine Urlaubskarte von den Malediven möchte ich schon haben", sagt Lilly bestimmt. „Die bekommst du, versprochen!", antwortet Winnie entschlossen. Zu sechst feiern sie noch glücklich und vergnügt bis tief in die Nacht den Heiligen Abend.

Frohe Weihnachten wünschen

Winnie & Lilly!

Über den Autor und weitere Mitwirkende

Daniela Landsberg, geboren am 29.02.1980 in Mainz studierte Biologie und Deutsch auf Lehramt sowie Psychologie. Ihre erste Kurzgeschichte entstand während des Lehramts-studiums, als sie ihrer Dozentin zeigen wollte, dass Weihnachten eben nicht immer nur „Heile Welt" und „große Familie" bedeutet. Bereits beim Schreiben der Kurzgeschichte stellte sie fest, dass ihr das Schreiben große Freude bereitete, und so entschloss sie, einfach weiterzuschreiben. Wenn sie nicht gerade schreibt, beschäftigt sie sich gerne mit ihren Katzen, versucht sich, das Klavierspielen beizubringen und ihre Schokoladen-sucht in den Griff zu bekommen. Als ehemalige Turniertänzerin sieht man ihr die Sucht allerdings nicht an. Daniela ist ein absoluter Nachtmensch und sie genießt als Asperger Autistin die Ruhe sehr, wenn alle anderen Lebewesen schlafen.

Dr. med. Rolf Peter Hampel-Landsberg

Dr. med. Rolf Peter Hampel-Landsberg, geboren am 01.05.1962 in Frankfurt am Main ist Facharzt für Herz- und Thoraxchirurgie. Dass er jemals ein Kinderbuch illustriert, hätte er nicht gedacht. Nachdem jedoch das Manuskript seiner Frau seit Jahren fertig war und sich niemand für die Illustrationen finden ließ, überzeugte sie ihn, einfach mal mit einer Zeichnung anzufangen. Was er anfangs nur für eine lustige Idee hielt, wurde schnell Realität. Er merkte, dass ihm das Zeichnen und Malen große Freude bereitete und sogar einen Ausgleich zum hektischen Berufsleben darstellte. So entstanden aus anfangs einer Zeichnung innerhalb kürzester Zeit alle zehn Zeichnungen für das Kinderbuch. Nachdem Unmengen an Mal- und Zeichenutensilien angeschafft wurden und sich die Freude am Malen entwickelt hat, haben er und seine Frau entschieden, dass er auch zukünftig die (Kinder)Bücher seiner Frau illustriert. Neben dem neugewonnenen Hobby sind weitere Hobbys von ihm und seiner Frau Motorradfahren, Tanzen, Klavierspielen, Gesellschaftsspiele spielen sowie Fußball und Formel 1 schauen.